D1701142

Impressum

Hubertus Godeysen, Kurt Wagner: Aufgetischt
1. Auflage 2015
Alle Rechte vorbehalten

Herausgeber:
Förderkreis Liedertafel Harmonie Finkenwärder von 1865 e.V.
Bilder: Archive des Kulturkreis Finkenwärder und der Liedertafel Harmonie,
Bodo Fischer, Christian Fürst, Hubertus Godeysen, Henri Kehde,
Redaktion Kössenbitter, André Martens, Cornelia Poletto, Claus Zapp
Lektorat: Rita Wagner
Layout, Satz und Bildbearbeitung: André Martens & Susanne Hock
Druck und Bindung: Heigener Europrint GmbH, 22761 Hamburg
Copyright: Förderkreis Liedertafel Harmonie Finkenwärder von 1865 e.V.
1. Vorsitzender Bodo Fischer
21129 Hamburg, Benittstraße 9
Vertrieb:
Förderkreis Liedertafel Harmonie – Claus Zapp
E-Mail: clauszapp@aol.com
www.harmonievon1865.de

ISBN 978-3-00-049887-9

Der Erlös des Buches dient der Förderung des Chorgesanges auf Finkenwerder.
Die Autoren arbeiteten ehrenamtlich.
Fotos und Rezepte wurden dankenswerterweise kostenlos zur Verfügung gestellt.

Liedertafel Harmonie Finkenwärder von 1865

Aufgetischt
Norddeutsche Tafelfreuden
aus Finkenwerder

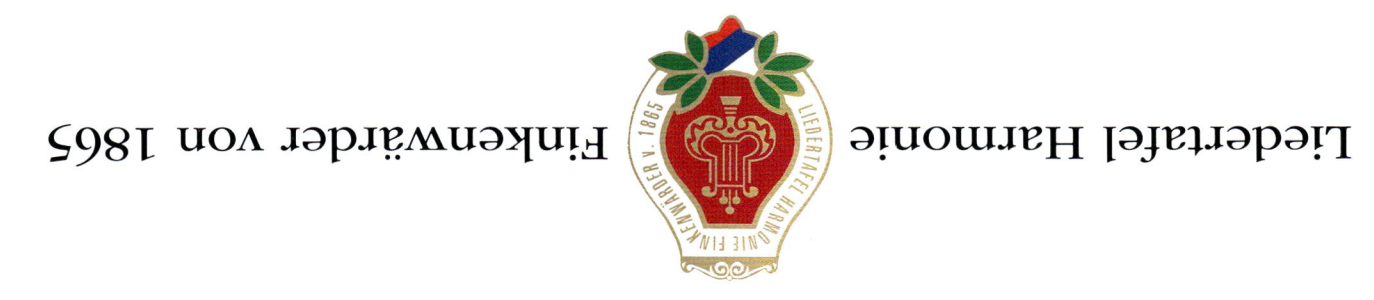

Hubertus Godeysen · Kurt Wagner

Der 1889 erbaute ehemalige Hochseekutter HF 231 „Landrath Küster" unter vollen Segeln.

Liedertafel Harmonie v. 1865
Sünn in de Seils
(Plattdeutsches Begrüßungslied)

Text: *Rudolf Kinau*
Musik: *Käthe Winter*
Bearbeitung: *Peter Schuldt*

♩ = 113

Sünn in de Seils un Schum vörn Ste - ven. Dat heet La - chen un dat heet Le - ben. Sünn in de Seils. Sünn in de Seils

„Sünn in de Seils" vom Finkenwerder Dichter Rudolf Kinau ist das Begrüßungslied der Liedertafel Harmonie Finkenwärder von 1865.

Die in Hamburg geborene Cornelia Poletto zählt zu Deutschlands führenden und vielfach ausgezeichneten Spitzenköchinnen, moderiert mehrere TV-Kochsendungen, bietet in ihrem Hamburger Restaurant mit angeschlossenem Feinkostladen eine auch international prämierte Küche und gründete 2013 ihre eigene Kochschule. Mit insgesamt sieben erschienenen Kochbüchern ist sie auch als Autorin sehr erfolgreich.

Foto: www.studiolassen.de

„Aufgetischt"

Essen ist nicht nur Nahrungsaufnahme, sondern für viele auch eng mit Emotionen verbunden.

Es gibt Gerichte, deren Gerüche und Geschmack uns an die Kindheit oder einen schönen Urlaub erinnern. Besonders intensive Gefühle lösen auch regionale Gerichte aus, bedeuten sie doch stets Heimat und Nähe. Erst wenn wir nach langen Auslandsaufenthalten wieder vertraute heimische Speisen genießen, sind wir wieder richtig „zu Hause". Mit allen Sinnen nehmen wir dann das uns so vertraute Essen auf, mit dem wir Erlebnisse und Erinnerungen verbinden sowie Familientraditionen aktiv leben.

Dabei zeigt die deutsche Küche in den Ländern und Regionen eine beeindruckende Vielfalt und Individualität auf, die sie unverwechselbar macht. Hier wird eine Fülle an Speisen und Zubereitungsformen angeboten, deren Geschmack oft nur durch die Verwendung bodenständiger Produkte und überlieferter Rezepte erklärbar ist. Dies gilt übrigens nicht nur für Deutschlands Süden, sondern auch für Hamburg, Holstein und Niedersachsen.

Als geborene Hamburgerin, die ihre Jugend in Nordrheinwestfalen verlebt hat und nun wieder an die Elbe zurückgekehrt ist, freut es mich besonders, wenn mit diesem Kochbuch „norddeutsche Tafelfreuden" aufgetischt werden.

Dass die Küche an Küste und Elbe eben nicht nur aus Labskaus und Matjes besteht, sondern eine unvergleichbare Fülle an regionalen Spezialitäten besitzt, beweist auch dieses Kochbuch. Und da es aus Finkenwerder kommt, werden natürlich viele Fischgerichte vorgestellt, schließlich war die Elbinsel über viele Jahrzehnte Heimathafen von Deutschlands größter Fischereiflotte. Auch ist die berühmte „Scholle Finkenwerder Art" weltweit in allen gut geführten Fischrestaurants bekannt. Daneben gibt es ein breites Angebot an Rezepten aus Hamburg, Finkenwerder und dem Alten Land. Dass hierbei auch viele Apfelgerichte mit dem „Finkenwerder Herbstprinz" präsentiert werden, ist verständlich, denn schließlich wurde er auf der Elbinsel entdeckt und angebaut.

Den besonderen Charme dieses liebenswerten Kochbuches macht jedoch aus, dass ein Männerchor diese Rezepte gesammelt und aufgeschrieben hat. Zum 150-jährigen Bestehen dieses bekannten und traditionsreichen Hamburger Chores erscheint keine Festschrift, sondern ein Buch mit Kochanleitungen und regionalen Histörchen, das davon zeugt, dass die Sangesbrüder der „Liedertafel Harmonie Finkenwärder von 1864" eben nicht nur vierstimmig singen, sondern auch norddeutsche Tafelfreuden genießen und mit ihrer Heimat tief verwurzelt sind.

Ich wünsche allen Leserinnen und Lesern sowie allen Köchinnen und Köchen viel Freude mit diesem außergewöhnlichen Kochbuch und viel Spaß an der Zubereitung dieser mit viel Liebe ausgesuchten Gerichte aus Hamburg und Norddeutschland.

Herzlichst,
Ihre

Cornelia Poletto

Inhalt

Sünn in de Seils ... Seite 5

Aufgetischt
Cornelia Poletto ... Seite 7

Vorwort
Bodo Fischer, 1. Vorsitzender der Liedertafel Harmonie ... Seite 10

Finkenwerder und die „Harmonie"
Keine Honoratioren und obrigkeitliche Personen ... Seite 14
Mit den Deichen kam der Aufstieg ... Seite 14
Die „Harmonie" brachte den Wandel ... Seite 16
Insulanerstolz und Butenlanner ... Seite 20
Finkenwerders traditionsreichster Kulturträger ... Seite 21

Frischer Fisch mit Tanzvergnügen
„In de Ilv ne Insel wür" ... Seite 26
Damper fohrn und frohe Gäste ... Seite 27
„Schön knusprig braun in Speck gebraten, ein Hit in allen Speisekarten" ... Seite 31
„Auf nach Finkenwärder" ... Seite 32
Das kleine Glück ... Seite 37

Rezepte

„In Hamborg is dat Eeten wunnerscheun" ... Seite 41

Suppen
*Von der Hochtiedssupp über Aalsuppe
bis zu Kartoffel- und Erbsensuppe* ... Seite 43
„Oma un de Arfensupp" ... Seite 52
Süße Suppen ... Seite 56

Fischgerichte
Uwes Tipps zum Fisch ... Seite 60
Von Scholle, Dreugtfisch und Aal ... Seite 61

Hering und Matjes
*Der Fisch der „kleinen Leute"
hat eine große Geschichte.* ... Seite 71

Hummerkrabben, Muscheln und Karpfen ... Seite 75

Finkenwerder Räucheraal ... Seite 78

Fleischgerichte
*Snuten un Poten, Klüten un Fleesch,
Braten, Steak, Roastbeef,
Hackfleischtopf, Labskaus und Würstchen* ... Seite 81

Geflügelgerichte
Ente, Pute, Gans ... Seite 93
Hühnersuppe ... Seite 95

Wildgerichte
„Matten de Has'" ... Seite 96
Hase, Reh, Wildschwein ... Seite 96
Wildrahmsuppe ... Seite 97

Klüten, Kartoffeln, Kohl und anderes
Klüten, Klöße .... Seite 98
Kartoffeln .... Seite 101
Grünkohl, Schnüsch
und Pannkoken .... Seite 103

Der Finkenwärder Hof
Familie Rahmstorf .... Seite 108
Prominente Gäste .... Seite 108
Französische Küche .... Seite 108
Scholle Finkenwerder Art auf chinesisch .... Seite 110
Kaviar und Seezunge für Deutschlands Kommunisten .... Seite 110

Soßen & Saucen
Von Meerrettichsoße, Krebssauce
bis Cumberlandsauce .... Seite 113

Salate
Über Matjes- und Heringssalat, Gurken,
Kraut, Porree, Kopfsalat zum Chinakohl .... Seite 116

Apfelspeisen
Finkenwerder Herbstprinz .... Seite 122
Apfelgerichte .... Seite 123
Apfelnachspeisen .... Seite 129

Warum Finkenwerders Seeleute gut kochen .... Seite 130

Nachtisch – Dessert
Von Roter Grütze, Welfencreme,
Tutti-Frutti zum Hamburger Sherry-Gelee .... Seite 132

Der Finkenwerder Wasserturm
Das erste öffentliche Wasser .... Seite 137
Finkenwerders außergewöhnlichstes Café .... Seite 138
Vom Protestlied zur Hymne .... Seite 138

Kuchen & Torten
Vom Herbstprinz Streuselkuchen, Neujahrskuchen,
Butterkuchen über die Himmelstorte zum Eierlikörkuchen .... Seite 140

Brot
„Ein Stückchen Brot" .... Seite 147
Brot und Brotgerichte .... Seite 148

Getränke
Finkenwerder Apfeltrunk, Grog,
Pharisäer, Bowle und Tote Tante .... Seite 150

Tafelfreuden .... Seite 154

Uns „Harmonie" hett Jubiläum! .... Seite 156

Dank .... Seite 158

Alphabetisches Verzeichnis der Rezepte .... Seite 160

Vorwort

Es ist schon ein etwas ungewöhnliches Unterfangen, wenn ausgerechnet ein Männerchor erklären soll, warum ihm die Idee zur Herausgabe eines Kochbuchs gekommen ist. Es gibt zwar das alte Sprichwort „ Die Liebe geht durch den Magen ", doch in den meisten Familien steht immer noch die Frau am Herd, auch wenn sich bei der Jugend diese überkommene Geschlechterrolle stark wandelt.

Unsere Elbinsel und auch unser Männerchor sind jedoch noch von den überlieferten Rollenfixierungen geprägt: Die Frau stellt das Essen auf den Tisch, der Mann die Getränke. Und wenn es festlich wird oder Gäste kommen, dann ist es fast immer die Hausfrau, die in ihre bewährten Kochbücher schaut. Nicht selten stammen sie noch von der Mutter oder sogar der Großmutter und sind mit handschriftlichen Anmerkungen versehen, die oft das Geheimnis des „guten Geschmacks" ausmachen. Wenn man dann noch weiß, dass alle berühmten und mitunter schon historischen Kochbücher von Frauen geschrieben wurden und diese Tradition von der Hamburgerin Cornelia Poletto heute erfolgreich fortgesetzt wird, dann stellt sich die Frage umso mehr: Warum gibt ein Männerchor zu seinem 150-jährigen Bestehen ein Kochbuch heraus?

Die Erklärung findet sich im Namen des Chores:

Liedertafel Harmonie Finkenwärder von 1865

Dass ein Chor *Lieder* singt, weiß jeder, aber was der Begriff *Tafel* aussagt, ist heute erklärungsbedürftig. Ein Blick zurück hilft da weiter: Früher setzte man sich zum Essen an die Tafel – einen großen stabilen Tisch, – um zusammen in größerer Runde zu „tafeln". Je festlicher der Anlass, je erlesener die Speisen und Getränke, je exquisiter das auf einem Tafeltuch stehende Tafelgeschirr, umso größer die Tafelfreuden.

Baten einst nur die Reichen und Mächtigen zur Tafel, so übertrug sich die Freude an gehobener Esskultur auch auf das aufstrebende Bürgertum. Überall in deutschen Landen fand man sich bei gutem Essen und reichlich Wein oder Bier fröhlich in bürgerlicher Gesellschaft zusammen. In fortgeschrittener Stunde wurden dann Zigarren oder Tabakpfeifen angezündet, ein Gast stimmte ein Lied an und alle anderen sangen beschwingt mit. Erst erklangen einstimmige Volkslieder, später folgten mehrstimmig vorgetragene Melodien und die Gäste ließen sich freudig mitreißen. – Dies wurde dann nicht selten zur Geburtsstunde einer „Liedertafel".

So entstand auch im April 1823 die *Hamburger Liedertafel*. Gegründet wurde sie von Albert Gottlieb Methfessel (1785-1869), der ab 1823 als Musiklehrer und Dirigent das kulturelle Leben in der Hansestadt prägte. Unsterblich wurde Methfessel, weil er zum 5-jährigen Bestehen seiner Liedertafel die beliebte Hamburg-Hymne „Hammonia" komponierte.

Auch auf der Elbinsel Finkenwärder, deren nördlichen Teil man damals noch mit „ä" schrieb, wurde gerne und ausgiebig „getafelt". Als am 18. Oktober 1865 bei einer Verlobungsfeier nach ausgiebigen Tafelfreuden plötzlich ein Lied erklang, in das Brautvater und Gäste fröhlich einstimmten, begeisterte der Gleichklang der Stimmen so stark, dass wenige Tage später die beteiligten Sänger die *Liedertafel Harmonie Finkenwärder von 1865* gründeten.

Seit diesen Tagen singt die *Harmonie* auf Finkenwerder und hat in den zurückliegenden 150 Jahren das Feiern nicht verlernt. Der Chor ist zu einem wichtigen Bestandteil der Feierkultur auf der Elbinsel geworden. Dies gilt für offizielle Feste und Jubiläen genauso, wie für Feierlichkeiten unserer Sangesbrüder und ihrer Familien.

Und neben dem vierstimmigen Gesang ist ein weiteres Merkmal unverändert geblieben, nämlich die Freude an einer guten Tafel mit heimatlichem bodenständigem Essen und gehaltvollen Getränken. Dabei ist es die Insellage mit fangfrischem Fisch, Landwirtschaft und Obstanbau, die das Besondere an der Finkenwerder Küche ausmacht.

Die *Liedertafel Harmonie* hat von 1865 bis heute das kulturelle Leben auf der Elbinsel maßgeblich geprägt, und so ist das vorliegende Kochbuch mit dem beziehungsreichen Namen „Aufgetischt" auch ein Zeichen unserer eigenen Identität; denn Geselligkeit, Lebensfreude und Harmonie sind ohne Tafelfreuden schwer vorstellbar.

Hinzu kommt, dass Finkenwerder stets gute Gastgeber waren, sich viele heimische Speisen großer Beliebtheit erfreuten und einige Restaurants sogar Berühmtheit erlangten. Mit einer regelmäßigen Dampferverbindung zwischen Hamburg und der Elbinsel begann nicht nur der Aufstieg Finkenwerders, sondern auch eine besonders enge Beziehung der Hansestädter zu den Insulanern. – Und dies zeigte sich am intensivsten an den Wochenenden, wenn Hamburger zu hunderten die Insel bevölkerten, in froher Runde frischen Fisch verspeisten, fröhlich das Tanzbein schwangen und auf unserer Elbinsel das kleine Glück suchten und fanden.

„Aufgetischt" erzählt die 150-jährige Geschichte der *Liedertafel Harmonie*, berichtet über bekannte Köche und gelebte Gastfreundschaft, bringt Anekdoten über berühmte Gäste und stellt Speisen vor, die den Ruf unserer kleinen Insel in die große Welt der gehobenen Gastronomie getragen haben.

Wir freuen uns, dass unsere beiden Sangesbrüder Hubertus Godeysen und Kurt Wagner als Autoren dieses Kochbuch verfasst und die Geschichten rund um Finkenwerder Speisen und norddeutsche Tafelfreuden aufgeschrieben haben. Mit vielen traditionsreichen Rezepten wurden sie dabei von den Frauen unserer Sänger sowie den ausschließlich weiblichen Mitgliedern des „Fanclub Harmonie" hilfreich unterstützt. – Damit ist „Aufgetischt" nicht nur ein besonderes Kochbuch geworden, sondern auch eine Liebeserklärung an unsere Elbinsel.

Ihnen allen danke ich im Namen der *Liedertafel Harmonie Finkenwärder von 1865* und wünsche dem Kochbuch viele Nutzer und ganz veel Spooß bi dat Eeten un Drinken.

1. Vorsitzender
Liedertafel Harmonie Finkenwärder von 1865

Die 1816 gebaute Getreidemühle war das erste Zeichen für den beginnenden Aufstieg auf der Elbinsel.

Finkenwerder und die „Harmonie"

Finkenwerder war lange zweigeteilt. Der Süden gehörte zu Lüneburg und später zu Preußen, während der Norden Hamburger Gebiet war.

Die Häuser an der „Aue" bilden die Keimzelle des Ortes Finkenwerder, gezeichnet von Richard Erickson.

Keine Honoratioren und obrigkeitliche Personen

Als 1823 mit der *Hamburger Liedertafel* der erste Männerchor der stolzen Hansestadt gegründet wurde, hatte man auf der elbabwärts liegenden Insel Finkenwerder für Gesang nicht viel übrig. Die Sangesfreude reichte mal gerade für den sonntäglichen Gottesdienst, bei dem die Männer zwar selbstbewusst und laut sangen, den richtigen Ton jedoch selten trafen, wenn sie ihr Gesangbuch in den harten Händen hielten. Melodischer klang es da schon bei den Frauen, weil sie sich mehr nach der Orgel richteten. Aber nach Noten singen konnten nur Pastor, Organist und Lehrer.

1826 stellte der Finkenwerder Pastor Streckewald fest: „*Die Gemeinde besteht aus Landleuten, Fischern, Schiffern, Schiffbauern*" und beklagte dann, dass es auf der Insel keine „*Kaufleute, Honoratioren, obrigkeitliche Personen sowie Gutsbesitzer*" gäbe. Dafür bescheinigte er seinen Gemeindemitgliedern jedoch eine gute Gesundheit.

Auf Finkwarder blieb man anfangs eher unter sich, Kontakte zu den benachbarten Elbinseln und nach Hamburg oder Altona waren spärlich. Wohl auch notgedrungen, denn eine Ruderbootfähre bestand über die Süderelbe nur nach Neuenfelde. Nach Hamburg gab es überhaupt keine Verkehrsverbindung. Wer über die Elbe setzen wollte, musste einen befreundeten Bootseigner fragen oder einen Fährmann finden, der seine Fahrgäste auf dem damals noch dänischen Elbstrand bei Övelgönne absetzte. Der restliche Weg war dann eben zu laufen.

Nicht nur das Leben auf der Elbinsel war einfach, auch das Essen. Es gab das, was Land, Garten und Speisekammer so hergaben. Lediglich auf den Höfen bildete das Schlachtfest einen jährlichen Höhepunkt und belebte dann den oft eintönigen Speiseplan über mehrere Wochen mit frischem Fleisch. Auf dem guten Marschboden gediehen Kartoffeln nicht so gut, dafür im Spätsommer reichlich Obst und Äpfel.

Doch Finkenwerder hatte eine Besonderheit, um die es oft beneidet wurde: Den fangfrischen Fisch! Immer wenn die Ewer und Kutter von ihren Fahrten aus Elbmündung und Nordsee zurückkamen und ihre Ladung in Hamburg oder Altona verkauft hatten, blieb noch genug Fisch in der Bünn, um die Inselbewohner gut zu versorgen. Jedes Mal kam Freude auf, wenn die Boote mit dem „HF" am Steven in Finkenwerder festmachten und ihre großen braunen Segel niederholten.

Mit den Deichen kam der Aufstieg

Erst ab 1814, als die Franzosen aus Hamburg und Umgebung abgezogen waren, erhielt Finkenwerder endlich sichere Deiche. Bis dahin hatten immer wiederkehrende schwere Sturmfluten Inselbewohner, Vieh und Vorräte mitgerissen, Haus und Hof zerstört und jegliche Weiterentwicklung verhindert. Mit der Sicherheit, die nun die Deiche brachten, begann der Aufstieg und das erste sichtbare Zeichen dafür war eine 1816 gebaute Mühle.

Doch auch die Politik half nach. Während das dänische Altona vom König in Kopenhagen begünstigt und die dortige Fischerei gefördert wurde, gab es für die Hamburger Fischer, die im dänischen Blankenese unter dänischer Flagge fuhren, viele Behinderungen. Ein langanhaltender Streit zwischen dem südlichen Elbufer, das zum Königreich Hannover gehörte und dem nördlichen dänischen Elbufer brachte der Finkenwerder Fischerei dann den Durchbruch. Waren es zuerst nur vier Boote, die unter Hamburger Flagge in der Nordsee fischen durften, kamen immer mehr Fischer aus der Niederelbe nach Hamburgisch Finkenwerder (HF).

Dies wiederum lockte Bootsbauer und Handwerker an und auf der Hamburger Seite der Elbinsel wuchsen die Einwohnerzahlen rasant und verdoppelten sich sogar zwischen 1830 bis 1880. Die Lüneburger Seite, die zum Herzogtum Lüneburg gehörte und von der Landwirtschaft geprägt war, stagnierte. Dennoch freuten sich auch hier die Bauern über den Aufschwung des zu Hamburg gehörenden Inselteils, fanden sie doch nun auf dem Markt mehr Käufer für ihre landwirtschaftlichen Produkte.

Die Wriedewerft, damals eine der größeren Werften auf Finkenwerder. Solche Werften mit ihren Holzbooten und Segelmasten prägten das Bild vor den Deichen der Insel.

Die Behrenswerft am Süderdeich. Gemalt wurde dieses eindrucksvolle Bild von Hinrich Paul Lüdders, Gründungsmitglied und Dirigent der „Liedertafel Harmonie".

Das schnelle Wachstum brachte Finkenwerder jedoch auch Probleme, denn es gab weder genügend Wohnraum noch einen angemessenen Schulunterricht. Die beiden mit Unterstützung der Hamburger und Lüneburger Kirche unterhaltenen Schulen platzten aus allen Nähten, mit ihrem jeweils einen Schulraum, in dem über 150 Kinder aller Altersklassen von einem Lehrer beaufsichtigt wurden. Auch der Unterricht war mangelhaft und bestand vorrangig aus dem Erlernen von Bibeltexten und frommen Liedern.

> Schulinspektor Pastor Bodemann zeigt an:
>
> ## Schüler sägen während der Unterrichtszeit für den Lehrer Holz !
>
> .../ Hierbei fühle ich mich verpflichtet, noch eines **besonderen Uebelstandes** Erwähnung zu thun, der sich unleugbar sehr nachtheilig auf den Schulbesuch auswirken muß. Die **Lehrer** der beiden ersten Classen der Hamburgischen Schulen **benutzen öfters die Schüler während der Unterrichtszeit zu allerlei Verrichtungen und Arbeiten in ihrem Interesse.** Vorzugsweise geschieht dieses vom ersten Lehrer im westlichen Districte, der nicht selten einzelne Schüler, ferner auch die eigenen schulpflichtigen Kinder, während der Schulstunden zu allerlei Verrichtungen verwendete. So haben z.B. wiederholt mehrere Schüler für ihn Holz gesägt und gespalten, und zwar Tage lang, wobei der eine Schüler sich dermaßen verletzte, daß er eine Zeit lang Schule und Confirmationsstunden versäumen mußte. Es fehlte hierüber nicht an mißbilligenden Urtheilen, daher ich um so mehr hoffte, der Vorfall müßte den Lehrer veranlassen, künftig diesen offenbaren Mißbrauchs sich zu enthalten. Gleichwohl traf ich kurz darauf mehrere Schüler während der Schulzeit mit Holzspalten und Holzsägen beschäftigt. Daher ich hieraus Veranlassung nahm, **in einer Lehrerconferenz solches ernstlich zu rügen,** und die Erwartung auszusprechen, daß eine solche Ungehörigkeit sich fortan nicht wiederholen werde. /...

Viele Eltern protestierten und verlangten von Hamburg und Lüneburg bessere Schulen. Einige Eltern richteten sogar eine Privatschule ein, die jedoch nach zwei Jahren wieder schließen musste, weil der Lehrer mehr dem Alkohol zugetan war, als den ihm anvertrauten Schülern. Erst 1863 trat endlich eine Schulreform in Kraft, der Lehrplan besserte sich und jeweils eine weitere Lehrkraft wurde eingestellt.

Die „Harmonie" brachte den Wandel

Der große Wandel und Anschluss an die Welt begann 1864 mit der Einrichtung einer Fährverbindung zwischen Hamburg und Finkenwerder. Jetzt konnten alle Inselbewohner Hamburg als offene Großstadt mit weltweiten Handelsbeziehungen erleben. Doch auch Hamburger besuchten die Elbinsel und interessierten sich für das Leben der Fischer und Bauern. Erste Gaststätten entstanden, die ihre städtischen Besucher mit besten Fischgerichten bewirteten. Das sprach sich in der

Hansestadt schnell herum und immer mehr Hamburger kamen, um den frischen Fisch zu genießen. Aus einfachen Kneipen wurden gutbürgerliche Gasthöfe mit anspruchsvollem Speiseangebot und guten Köchen.

Der Fährverkehr entwickelte sich rasch ertragreich, sodass vier Kaufleute, die aktive Sänger in der *Harmonie* waren, eine Partenreederei gründeten und auf der Schiffswerft in Rosslau an der Elbe einen Raddampfer in Auftrag gaben. 1892 wurde er, zu Ehren der Liedertafel, auf den Namen „Harmonie" getauft und galt lange als das schönste Fahrgastschiff auf der Unterelbe. Mit kürzeren Fahrzeiten und einem verlässlichen planmäßigen Liniendienst brachte der schmucke Raddampfer Finkenwerder den Anschluss an die Neuzeit.

Das Ölbild des Malers und „Harmonisten" Hinrich Paul Lüdders zeigt den schmucken Raddampfer „Harmonie", den vier Finkenwerder Reeder und aktive Sänger nach der „Liedertafel Harmonie" benannten. Deutlich ist am Mast der 28 Fuß lange blau-weiße Stander „Harmonie" zu erkennen. den die Liedertafel zur Jungfernfahrt stiftete. Heute hängt das beliebte Bild im Foyer des Finkenwerder Hotels Rilano.

Doch die Elbfähren transportierten nicht nur Personen, sie förderten auch einen regen Kulturaustausch, der durchaus nicht einseitig war, denn Maler und Dichter entdeckten jetzt die Insel. Hier gab es unberührte Natur, wunderschöne Landschaftsmotive und ein traditionelles Kunsthandwerk. Schnell fanden sich auch gemütliche Ecken und Kneipen, die zum kreativen Gedankenaustausch anregten. Viele Künstler, die 1892 den Hamburger Künstlerklub gründeten, lebten und arbeiteten fast jährlich in den Monaten von April bis Oktober auf Finkenwerder. Heute finden wir ihre Bilder in großen Hamburger Ausstellungen.

Aus Hamburg kam aber auch die Freude an der Musik. Lieder, die in Konzerten und Opernaufführungen einem anspruchsvollen Publikum zu Gehör gebracht wurden, schwappten ebenso über die Elbe, wie Gassenhauer, die jeder Schusterjunge pfiff. Nun wurden in den Finkenwerder Schulen nicht mehr nur Kirchenlieder gesungen, sondern auch fröhliche Volkslieder. Weiter entstand der Wunsch, selber Instrumente zu spielen und auf einmal gaben die Lehrer am Nachmittag für Interessierte Musikunterricht, lehrten Noten und förderten Begabte.

(Liedertafel Harmonie v. 1865)

Damper fohrn

(frei nach einem ungarischen Volkslied)

Musik.: Peter Schuldt
Text: Kurt Wagner

♩ = 118

Intro - halbes Tempo   Tempo!

Kar-stadt Ree-per-bohn The-o-ter, Fink-war-ders müs-sen ö-bert Wo-ter. Dam-per fohrn Dam-per fohrn jüm-mers wed-der Dam per fohrn müs-sen wi all de Johrn.

STROPHEN 1-3

1. Dat In-sel-le-ben dat wür'n se leed. De Froo de brukt jo af un to een nee-jes Kleed. Denn fohrt se los, mit al-le Mann um mol to seen wat man in Ham-borg keu-pen kann. Dor kommt se an, wie lüt-te Müs, weult se sich en-mol dor de gröt-sten Wo-ren-hüs!

2. Un in Fin-war-der ach-tern Diek mokt se The-o-ter un ok ol-lig scheun Mu-sik. Man kann de Lüd, ganz goot vo stohn, se wüllt in Ham-borg mol so'n be-ten bum-meln gohn. Mol in't The-o-ter, ganz pri-vot putzt se sich rut im al-ler-bes-ten Sün-dags stoot!

3. Se fohrn ok loss, ton a-müsier'n ok mol son be-ten von St. Pau-li kinn'n to leern. Sa-fa-ri op de Ree-per bohn, son' sche-ben Bum-mel leep nich jüm-mers ganz no Plon. Dor gevt dat af-un-to ok Krach denn land se dü-mol al-le op de Do-vids wacht!

REFRAIN

1.+3. Dam-per fohrn Dam-per fohrn jüm-mers wed-der Dam-per fohrn müs-sen wi all de Johrn.
2. Dam-per fohrn, Dam-per fohrn, ok im Win-ter Dam-per fohrn, bi Is-gang ok Dam-per fohrn.

Dam-per fohrn, Dam-per fohrn jüm-mers wed-der Dam-per fohrn, müs-sen wü all de Johrn.
Dam-per fohrn, Dam-per fohrn, ok im Win-ter Dam-per fohrn, bi Is-gang ok Dam-per fohrn.

Kar-stadt Ree-per-bohn The-o-ter, Fink-war-ders müs-sen ö-bert Wo-ter. Dam-per fohrn, Dam-per fohrn jüm-mers wed-der Dam-per fohrn, müs-sen wü all de Johrn.
Ham-burg, Dies-tel un Cux ho-ben, hebbt sich dör dat Pack-is scho-ben. But-en hebbst frohrn an Deck, bin-nen hett de Rum-grob schmeckt bin hatt de Rum-grog schmeckt.

Zwischenspiel + Extro

2. Un in Fin
3. Se fohrn ok

1865 befand sich Finkenwerder in einer großen Aufbruchsstimmung. Seit einem Jahr verband eine Fährverbindung die Insel mit der Weltstadt Hamburg, die eigene Fischereiflotte kam mit voller Ladung von ihren Fangreisen zurück und gab Bootsbauern, Segelmachern und vielen anderen Handwerkern gute Verdienstmöglichkeiten. Auch war das gegenüberliegende Holstein seit Dezember 1863 nicht mehr dänisch, Altona nicht mehr die zweitgrößte Stadt Dänemarks und auch kein Konkurrent mehr für Hamburg und Finkenwerder. Die Bevölkerung wuchs, der Einzelhandel florierte und überall entstanden neue Wohnhäuser. Zwei Jahre später (1867) hatte der zu Hamburg gehörende Teil der Elbinsel bereits 2.160 Bewohner und um die Jahrhundertwende zählte Finkenwerder 4.700 Einwohner.

Am 18. Oktober 1865 stimmten im Haus des Schiffsbaumeisters Carsten Wriede (Auedeich 24) die Gäste der Verlobungsfeier seiner Tochter Elise mit Heinrich Pahl nach üppigen Tafelfreuden und in fröhlicher Stimmung ein Lied an. Der Gleichklang der Stimmen begeisterte die Sänger, zu denen auch einige der auf Finkenwerder lebenden Künstler zählten. Es folgten weitere Lieder und der Wunsch nach gemeinsamem Chorsingen. Dies war die Geburtsstunde der *„Liedertafel Harmonie von Finkenwärder"*. Man traf sich nun regelmäßig und gründete den allerersten Verein auf der Elbinsel. Satzungsmäßige Aufgabe des Chores war: *„Förderung des vierstimmigen Männergesangs, Pflege der Geselligkeit und Hilfeleistung gegenüber den Menschen, wo immer die Notlage es erfordert."* Neben vielen alteingesessenen Finkenwerdern gehörten zu den Gründungsmitgliedern fast alle auf der Insel lebenden Lehrer, sowie auch der Kunstmaler Hinrich Paul Lüdders (1826 – 1897), der als Dirigent später Lehrer Meier ablöste und wegen seiner großen Verdienste zum Ehrendirigenten der *Liedertafel Harmonie* ernannt wurde.

Die Straßenansicht des Hauses Auedeich 24, in dem 1865 die „Liedertafel Harmonie" gegründet wurde.

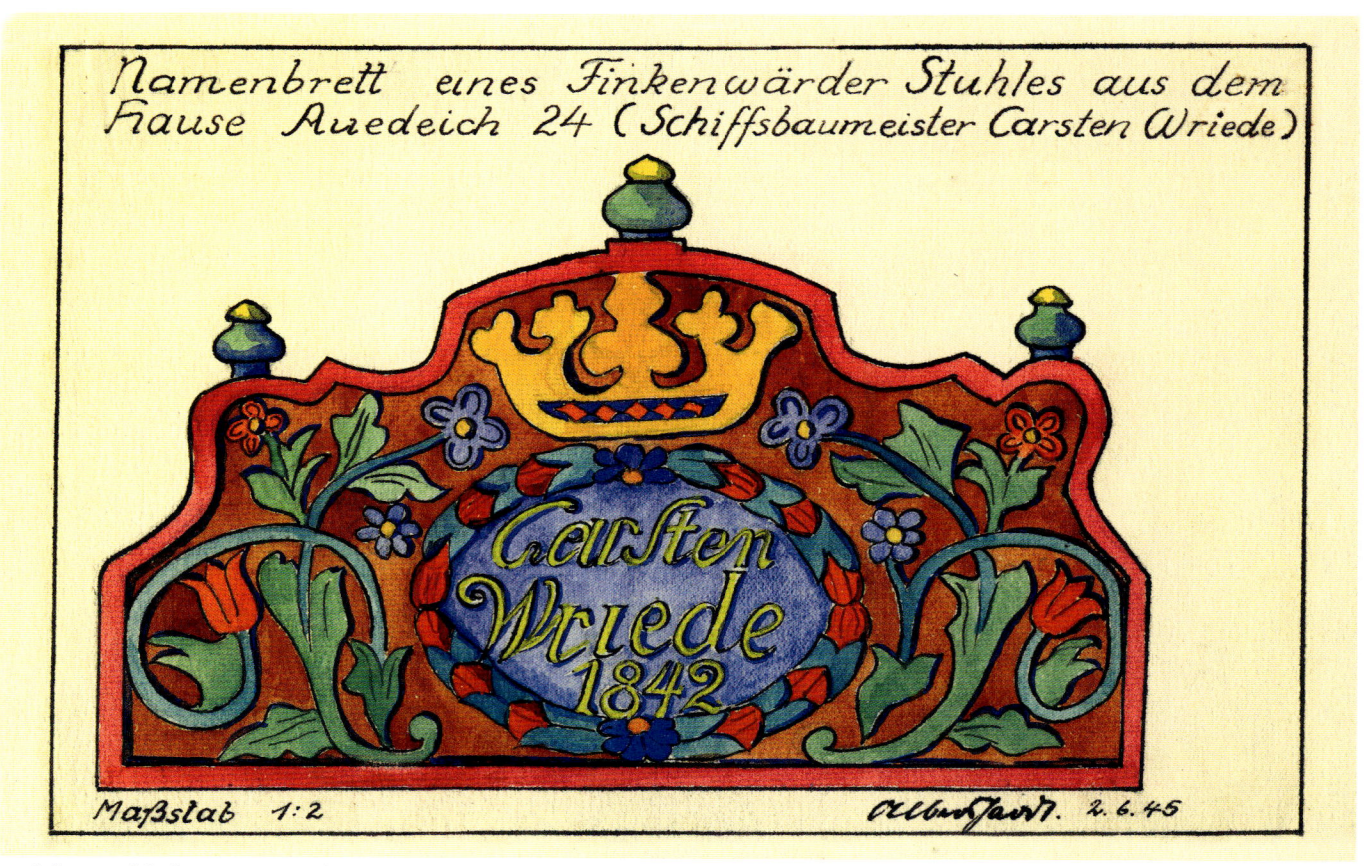

Namenbrett eines Finkenwärder Stuhles aus dem Hause Auedeich 24 (Schiffsbaumeister Carsten Wriede)

Carsten Wriede 1842

Maßstab 1:2

Auf dem Stuhl, dessen Namensbrett von Carsten Wriede hier abgebildet ist, saß der Brautvater als seine Gäste die ersten Lieder der „Harmonie" anstimmten.

Als 1892 der Raddampfer „Harmonie" vom Stapel lief, den die aktiven Sänger P. Mayer, E. Harms, C. Möhlmann und M. Külper bauen ließen und bereederten, hatte die *Liedertafel Harmonie* bereits ihr 25-jähriges Gründungsjubiläum gefeiert. Als erste Fahrgastgruppe bestiegen die Sangesbrüder am 12. März 1892 den nach der *Liedertafel* benannten Dampfer zur Jungfernfahrt und übergaben feierlich einen 28 Fuß langen weiß-blauen Stander mit dem Schriftzug „Harmonie", den die Mitglieder der *Harmonie* für 41 Goldmark extra anfertigen ließen, um ihn dem gleichnamigen Raddampfer zu stiften. Die erste Tour und Jungfernfahrt führte dann nach Schulau, wo die Sänger großzügig mit Bier und Grog bewirtet wurden und in froher Runde manch Lied anstimmten. Seit dieser Zeit gibt es ein enges Verhältnis zwischen den Hamburger Fähren, die den Namen „Harmonie" tragen und der gleichnamigen Finkenwerder Liedertafel. – Übrigens bis in die Gegenwart!

Insulanerstolz und Butenlanner

Ohne den schicken Raddampfer „Harmonie" hätte der rasch einsetzende Aufschwung von Finkenwerder nicht erfolgen können, brachte er doch nicht nur die Insulaner in die Hansestadt, sondern ermöglichte Hamburgern auch einen Ausflug auf die Elbinsel. Besonders an Wochenenden war der Dampfer vollbesetzt und erschloss Hamburger Familien eine neue Welt hinter den Deichen, den zum Trocknen aufgestellten Fischernetzen und den kleinen Werften mit ihren Holzbooten auf dem Slip. Kein Wunder also, dass über den Dampfer „Harmonie" bis heute anerkennend gesprochen wird.

Trotz der vielen Besucher und der wachsenden Zahl von Dauergästen bewahrte die Insel ihre Eigenheiten, die Adolf Wittmack treffend festhielt. Der bekannte Schriftsteller gehörte zu den auf Finkenwerder arbeitenden Künstlern und verfasste hier auch seinen Erfolgsroman „Konsul Möllers Erben". Er schrieb: *„Mein Verhältnis zu den nicht gerade leicht zu erobernden Ureinwohnern der Insel Finkenwärder, die im Kleinen einen ähnlichen Insulanerstolz wie die Engländer hatten und für die schöne, unverbindliche Bezeichnung ‚Foreigner' das Wort ‚Butenlanner' besaßen, gestaltete sich inzwischen günstig. Sie sagten gleich von Anfang an ‚Du' zu mir. Das ist beileibe kein Rohheitsdelikt. Sie sagten auch ‚Du, Herr Pastor' und ‚Du, Herr Lehrer'. Wenn ein ‚Butenlanner' kam, der weder plattdeutsch sprach, noch genügend seemännische Allüren hatte, sagten sie ‚Sie'. Und wenn er am Sonntagabend auf die Tanzmusik geriet, hatte er die besten Aussichten gehänselt und verprügelt zu werden."*

Finkenwerders traditionsreichster Kulturträger

Die Chronik der „Liedertafel Harmonie Finkenwärder von 1865" beginnt mit der Satzung, die auch heute noch fast unverändert gilt. Ohne Unterbrechung berichtet die aus mehreren Bänden bestehende Chronik über das 150-jährige Vereinsleben der „Harmonie".

Die Sangesbrüder der *Harmonie* trafen sich nun jeden Dienstag und übten in ihrem jeweiligen Vereinslokal. Auch die Geselligkeit kam nicht zu kurz. Bereits am 4. März 1868 gab die *Liedertafel Harmonie* ihr erstes Konzert mit einem anschließenden Ball. Die Chronik vermeldet: *„Konzert und Ball haben am genannten Abend wohl zur Zufriedenheit jedes Anwesenden stattgefunden. Zu Anfang wurden 8 Lieder, durch 3 Musik-Stücke unterbrochen, gesungen. Um 10 Uhr ward gegessen."* Erheiternd wirkt der Zusatz: *„Für Ordnung beim Tanzen sorgte der dazu engagierte Simon Külper, der durch einige Sänger unterstützt wurde."* Rückblickend darf aus dieser Anmerkung wohl geschlossen werden, dass nicht alle Tänzer leichtfüßig über das Parkett schwebten, sondern wohl eher zupackend ihre Damen bewegten und auch einem handgreiflichen Streit mit Nebenbuhlern nicht abgeneigt waren, anscheinend nicht nur bei „Butenlannern".

1890 feierte die Liedertafel Harmonie ihr 25-jähriges Bestehen. Damals waren die Dirigenten (hier Kunstmaler H.P. Lüdders) nicht nur strenge und ehrfurchtgebietende Persönlichkeiten, sondern auch würdevolle Bartträger.

Nach diesem erfolgreichen Auftakt veranstaltete die *Liedertafel Harmonie* jährlich zwei Tanzbälle, die Tänzer wurden geschmeidiger, das Benehmen höflicher und das Musikrepertoire immer umfangreicher. Bald wurde auch der Ordnungsdienst nicht mehr benötigt. Die *Harmonie* machte den Chorgesang auf der Elbinsel populär, was zu weiteren Gründungen von Gesangvereinen führte: 1884 entstand der bis heute aktive „Männergesangverein Germania". Es folgten 1888 der „Gemischte Chor Frohsinn", die „Liedertafel Eintracht von 1919", die „Liedertafel Vorwärts von 1921" und der Chor der Deutschen Werft „Liedertafel Treue von 1921", die leider nicht mehr existieren. Aus der Generation der Trümmerfrauen gründete sich 1950 der Frauenchor „Frohsinn", der am 15. Februar 2015 sein 65-jähriges Jubiläum feierte.

Doch es gab zum Singen nicht nur heitere Anlässe, oft veranstalteten die Chöre Benefizkonzerte, um Fischerfamilien, die ihren Mann, Vater und Ernährer verloren hatten, zu unterstützen. Die Deutsche Bucht hatte den Finkenwerder Fischern immer seltener volle Netze gebracht, auch waren viele Fischer verschuldet und mussten mit ihren Ewern und Kuttern in nördlichere Fanggebiete segeln, mit höherem Risiko besonders im Winter. Sie hatten nur Kompass, Barometer, Handlot und ihre Erfahrung. Wetterwarnungen über Funk oder Radio gab es noch nicht. Oft erreichten sie Helgoland oder andere Häfen nicht mehr, wenn sich plötzlich am Horizont Unwetter zusammenbraute. Allein von 1887 bis 1912 blieben 100 Ewer und 260 Seefischer auf See, 122 Fischerwitwen wohnten im Jahr 1900 auf Finkenwerder.

Dennoch ging das Leben auf der Elbinsel weiter, die 1870 den Ortsstatus erhielt. Vier Jahre später gründete sich die Freiwillige Feuerwehr und 1893 der „Finkenwärder Männerturnverein", Vorläufer des heutigen TuS.

Das 1965 anlässlich des 100-jährigen Bestens der „Harmonie" festlich geschmückte Gründungshaus sowie das damalige Vereinslokal, der Gasthof Külper am Norderkirchenweg.

Die „Hanseatic" im Dock der „Deutschen Werft".

Im Jahr 1900 veränderte sich das Bild der Insel. Das Vorland vor dem Norderdeich wurde mit Baggergut aus der Elbe aufgeschüttet und Finkenwerder in die Planungen für ein neues Hafengebiet einbezogen. Es folgten der Erste Weltkrieg, danach die Gründung der „Deutschen Weft", der verheerende Zweite Weltkrieg, der Aufstieg der „Deutschen Werft" zur Weltspitze und 1973 deren plötzliches Ende. Auf die Werft folgte „Airbus", heute eines der größten und innovativsten Hamburger Unternehmen mit Weltgeltung und Standort auf Finkenwerder.

Zu den Tafelfreuden der Sangesbrüder gehört stets auch ein gutes Bier, wie beim Frühjahrsball 1953 der Harmonie".

Neben dem Gesang hatte das gesellige Vereinsleben in der „Harmonie" immer einen hohen Stellenwert. Jährliche Höhepunkte waren die Bälle, bei denen die Sänger fröhlich und ausdauernd das Tanzbein bis in den Morgen schwangen. Doch vorher wurde ein gutes mehrgängiges Gericht aufgetragen, hier beim Herbstball 1953.

Trotz aller politischen und gesellschaftlichen Umwälzungen singt die *Harmonie* noch immer, pflegt die Geselligkeit und trifft sich dienstags zum Übungsabend im Vereinslokal „Landungsbrücke".

Mit modernem Liedgut, frischem Ton, schwungvollen Auftritten und ihrem deutschlandweit geschätzten Dirigenten Peter Schuldt ist die *Harmonie* nicht nur Finkenwerders ältester und beständigster Kulturträger, sondern auch ein lebensfroher, zeitgemäßer und fröhlicher Botschafter der Elbinsel. Ihre Mitglieder lieben die plattdeutsche Sprache, auch wenn sie aus Bayern, Schwaben oder Sachsen stammen und bilden den einzigen deutschen Laienchor, der alle Lieder auswendig singt und ohne Notenblatt vorträgt.

Und nun – im Jahr 2015 – feiert die Liedertafel Harmonie Finkenwärder von 1865 ihr 150-jähriges Bestehen.

Die „Liedertafel Harmonie" heute, hier bei einem Konzert in der Hamburger Katharinenkirche und verstärkt durch das „Salonorchester", das bei keinem Auftritt fehlt.

Frischer Fisch mit Tanzvergnügen

In de Ilv ne Insel wür

„*In de Ilv ne Insel wür,
würn de Dieken greun,
dat wür richtig scheun.
Reuk dat fix no Fisch und Teer,
kunst di angeweun.*

*Sünd de Lüüd ut Hamborg komm,
hebt bi uns den Urlaub nohm.
Mit Musik güng dat glik, langs den Diek,
un mit ganz veel Spooß, ganz veel Spooß,
in den nächsten Sool, vun een Danzlokol!*"

Während im Hamburger Hafen das hektische Herz der Hansestadt und des Welthandels schlug, bot Finkenwerder Beschaulichkeit und Ruhe.

Damper fohrn und frohe Gäste

Schon immer hatten Großstädter den Wunsch nach Abwechslung, Unterhaltung und Freizeitvergnügen. Heute lebt eine gewaltige Tourismusindustrie von der Erfüllung dieser Wünsche und macht damit Millionenumsätze. Shoppen in New York, Weekendtrip nach London, Gourmetreise nach Paris, verlängertes Wochenende auf Mallorca. Immer neue Ziele werden angeboten und genutzt, immer hektischer dreht sich das Karussell, immer ruheloser wird die Freizeit. – Die Umsätze steigen, doch wachsen auch Zufriedenheit und persönliches Glück?

Auch früher wollten Hamburger in ihrer Freizeit „was erleben", doch waren die Wünsche damals wesentlich bescheidener. Es zählte das kleine Glück, die einfache Freude, ein schmackhaftes Essen, das frische Bier, die gute Zigarre, ein unbeschwerter Blick auf die Elbe oder ein fröhliches Tanzvergnügen. Und dies möglichst nicht allzu weit weg von der eigenen Haustür. Kein Wunder also, dass Finkenwerder von 1880 bis in die 70er Jahre des letzten Jahrhunderts zum beliebten Ausflugsziel für Hamburger Familien wurde. Denn im Gegensatz zum hektischen Alltag der pulsierenden aufstrebenden Hansestadt bot die kleine grüne Insel mit ihren Fischern und Bauern noch Beschaulichkeit. Hier bestimmten Natur und Gezeiten den Tagesablauf, nicht Hafen, Welthandel und Geschäfte.

Der Raddampfer „Harmonie" bei einer Überfahrt von Hamburg nach Finkenwerder.

Wer sich damals eine teure Sommerfrische nicht leisten konnte, aber dennoch am Wochenende Entspannung suchte oder der Familie etwas bieten wollte, bestieg den Dampfer nach Finkenwerder. Vorher setzte Vater die Melone auf, Mutter die neueste Hutkreation und die Kinder wurden in blitzsaubere weiße Matrosenkleidung gesteckt. Frischverliebte verbargen sich hinter kleinen Sonnenschirmen, der Galan führte stolz seine neueste Eroberung aus, Vereinsmitglieder schulterten ihre Fahne und dann ging´s los. Erstes Ziel waren die Landungsbrücken in St. Pauli und kaum hatte die Fähre festgemacht, begann der Sturm auf die besten Plätze.

Liedertafel Harmonie v. 1865

In de Ilv ne Insel wür

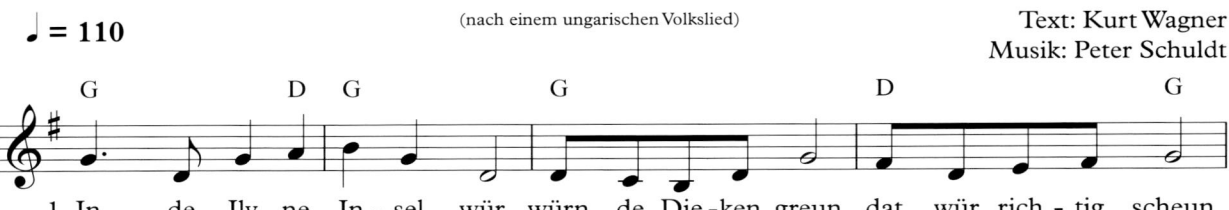

(nach einem ungarischen Volkslied)

Text: Kurt Wagner
Musik: Peter Schuldt

♩ = 110

1. In de Ilv ne In-sel wür, würn de Die-ken greun, dat wür rich-tig scheun.
2. Wü hebbt vee-le E-wers hat, ö-ber hun-nert Johr, is all nich miehr woahr.
3. Düs-se Tie-den gifft nich miehr, bloß noch ee-nen Sool, kuum noch Butt un Ool.

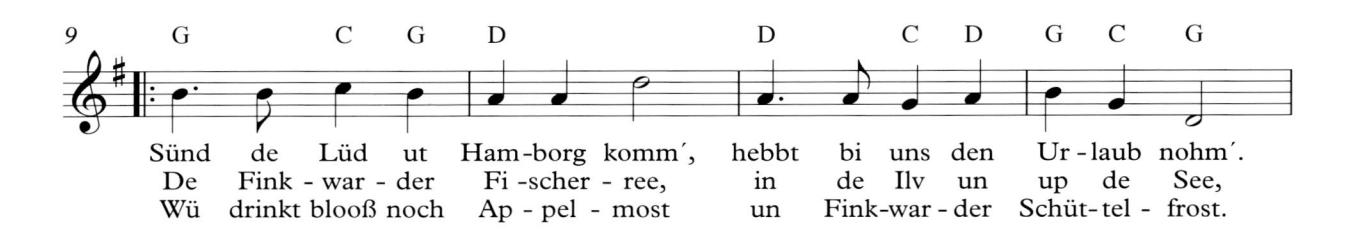

Reuk dat fix no Fisch un Teer, kunnst di an ge-weun, kunnst di an ge-weun.
Un den bes-ten Frisch-fisch satt, dat is ganz lang her, giff-dat ook nich miehr.
Doar-vör hebbt wü veel Vo-kehr, dat is rein to dull, al-le Stro-ten vull.

Sünd de Lüd ut Ham-borg komm', hebbt bi uns den Ur-laub nohm'.
De Fink-war-der Fi-scher-ree, in de Ilv un up de See,
Wü drinkt bloß noch Ap-pel-most un Fink-war-der Schüt-tel-frost.

Mit Mu-sik güng dat gliek langs den Diek un mit ganz veel Spoß,
mit vull Plünn' in de Sünn, vul-len Bünn, ook bi Storm un Wind,
De is good vor dat Blood un gifft Moot, un ook ganz veel Kraft,

ganz veel Spoß, in den näch-sten Sool, von een Danz-lo-kol
Storm un Wind. Un een' goo-den Fang vun de Dog-ger-bank.
ganz veel Kraft, um wat vun de oolen Sit-ten to er-hol'n.

Längst hatte die HADAG bemerkt, dass der Schiffsverkehr zwischen Hamburg und Finkenwerder gutes Geld brachte und so kaufte sie im Jahr 1900 die gesamte „Finkenwärder Linie", einschließlich des beliebten Raddampfers „Harmonie". Zwei neue anspruchsvolle Schiffe ließ die HADAG 1904 und 1914 für den Fährverkehr zur Fischerinsel bauen, zuerst „Senator Brunnemann" und dann „Bürgermeister Burchard". Später wurde daraus die „Linie 62", die bis heute besteht.

Für die Fahrgäste begann der Urlaub bereits mit der Überfahrt. Vorbei ging es an den Werften mit ihren immer imposanter werdenden Schiffsneubauten, sowie den vielen Barkassen und Booten, die Elbe und Hafen mit quirligem Leben erfüllten. Auch passierte die Fähre die Stars des Hafens, die Großsegler und Frachtdampfer, die aus fernen Ländern nach Hamburg kamen und Fernweh mitbrachten. Nach Altona mit seinen Fischfabriken und Industriebetrieben wurde das Ufer grün, am Strand lagen die Häuser der Kapitäne und Lotsen, während oben die weißen Villen der Reeder und Großkaufleute zwischen Parkbäumen in der Sonne leuchteten. Wenn dann die Fähre nach Finkenwerder einschwenkte, auf der Brücke der Maschinentelegraf klingelte, die Dampfmaschine langsamer und später sogar rückwärts drehte und beim Anlegen das ganze Schiff vibrierte, war dies vor allem für Kinder unvergesslich.

Stolz präsentierten sich die Finkenwerder Gasthöfe auf Ansichtspostkarten. Sie waren erst 1906 durch den Weltpostverein genehmigt worden, erfreuten sich größter Beliebtheit und zählten zu den modernsten Werbeträgern. Hier der „Steendieker Hof".

Die Finkenwerder Gasthäuser, Hotels und Restaurants erlebten einen nie geahnten Aufschwung, denn nirgends an der Elbe war der Fisch frischer und waren die Fischgerichte so fachkundig zubereitet. Hinzu kam, dass trotz der hohen Qualität die Preise für Speisen und Getränke unter denen der Hamburger Gastronomie lagen, wodurch der Zustrom aus der Hansestadt ständig anwuchs. Wie erlebnisreich der Ausflug auf die Elbinsel empfunden wurde, lässt sich auch an den Ansichtskarten „ablesen", die per Post versandt wurden, um Familie und Freunde über den Aufenthalt auf Finkenwerder zu informieren. Alle Hotels und Restaurants hatten eigene Kartenmotive, manche waren sogar kleine Kunstobjekte.

Auch in die Gesellschaftsspalten der Zeitungen schaffte es Finkenwerder, wie beispielsweise am 28. Oktober 1903: *„Der bekannte Marinemaler Professor Carl Salzmann, ständiger Begleiter des Kaisers auf dessen Seereisen, weilt gegenwärtig zu Studienzwecken auf Finkenwerder. Professor Salzmann hat im Hotel „Stadt Hamburg" Quartier eingenommen und gedenkt dem Vernehmen nach etwa 8 Tage auf der Elbinsel zu verweilen."* Als 1912 Gorch Focks Erfolgsroman „Seefahrt ist not!" erschien, erregte er großes Aufsehen und kurbelte den Fremdenverkehr weiter an, denn nun wollten die Leser Finkenwerder kennenlernen, das im Roman so detailreich beschrieben wird.

Der Gasthof „Harmonie". Erstes Vereinslokal der Liedertafel und beliebtes Künstlerquartier.

„Schön knusprig braun in Speck gebraten, ein Hit in allen Speisekarten"

Während Kinder bei einem Besuch auf der Insel eine fremde Welt mit Fischern, an Land gezogenen Booten, Räucheröfen und Teer eroberten und die Matrosenanzüge schnell ihr strahlendes Weiß verloren, wuchs bei den Erwachsenen die Vorfreude auf beste Fischgerichte. Die Einkehr in einen Finkenwerder Gasthof war der eindeutige Höhepunkt jedes Ausflugs. Besonders beliebt waren Kutterschollen, die in vier Varianten angeboten wurden: in Speck gebraten, gekocht, geräuchert und getrocknet. Aber auch Elbbutt, Sturen, Stint, Aal, Lachs und Stör, die direkt vor Finkenwerder in der Elbe gefangen wurden, gehörten auf den Speisekarten zum Renner.

Kamen die Gäste im Mai, wurde besonders erwartungsfroh die „Scholle Finkenwerder Art" bestellt und mit Freude verspeist. Begeistert berichteten die Gäste über dieses kulinarische Erlebnis, das schon früh von Hamburger Spitzenrestaurants übernommen wurde. So begann die Finkenwerder Scholle mit den berühmt gewordenen gebratenen Speckstücken ihren Siegeszug. Zuerst in Hamburg, dann entlang der Elbe und später in den Fischrestaurants und auf den Speisekarten der Welt.

Damals wie heute ist die „Scholle Finkenwerder Art" begehrt. Beim jährlichen Schollenfest im Mai ist sie die Hauptattraktion auf der Insel.

Scholle Finkenwerder Art

(pro Person 1 Scholle mit
ca. 500 g Gewicht)
4 Schollen
Mehl
250 g magerer Speck
4 EL Butter
Salz, Pfeffer

Schollen vorbereiten, pfeffern, wenig salzen und leicht mit Mehl bestäuben. Speckwürfel auslassen, die Butter zugeben, die mehlierten Schollen darin auf beiden Seiten langsam goldbraun braten.
Die Schollen auf vorgewärmten Tellern anrichten, den Bratensatz und die Speckwürfel darüber geben. Mit Petersilie oder Dill garnieren.

„Auf nach Finkenwärder!"

Bereits 1910 gab es auf der Insel 12 Gasthöfe und Restaurants. In den 1920er Jahren taten sich die Inselwirte zusammen und sprachen die Hamburger Bevölkerung mit professioneller Werbung an. Unter dem Motto „Auf nach Finkenwärder" warben Plakate, Postkarten und Schilder für einen Besuch auf Finkenwerder. Einige Gastwirte organisierten Ausflüge auf die Elbinsel, wie heute erfahrene Reisebüros. Auch wurden Handzettel verteilt und Anzeigen in den Zeitungen geschaltet. 1933 gab es erstmals sogar eine richtige Gästezählung mit einem sensationellen Ergebnis: Alleine im Monat Mai hatten 158.000 Ausflügler Finkenwerder besucht! Bei schönem Wetter war deshalb nicht nur in den Gasthöfen jeder Stuhl besetzt, sondern auch auf den Straßen und den Fahrgastschiffen gab es ein dichtes Gedränge.

Erfolgreiche Werbung der Finkenwerder Gastronomen in Hamburg.

Unterstützende Werbung kam auch durch den Finkenwärder Heimatdichter Gorch Fock, der beziehungsreich dichtete:

„Wat willst in Cuxhoben?
Wat willst in Lüh?
Finkwarder is scheuner
un veel dichter dorbi!"

Es waren goldene Zeiten für die geschäftstüchtigen Wirte, die bald nicht nur exzellente Fischspeisen und eine gute Küche anboten, sondern ab 1880 an Sonntagen auch Tanzvergnügen veranstalteten, immer abwechselnd in zwei Gasthöfen.

Gasthof zum Landeshaus

im Mittelpunkt der Insel

GROSSER IDYLLISCHER GARTEN
JEDEN SONNTAG TANZ

Bei schönem Wetter Tanz im Freien
Eintritt und Tanz frei

AUSSCHANK FF. ELBSCHLOSS-BIERE

Spezialität: Gebratene Elbbutt mit Kartoffeln

Solide Preise   Telephon: C9. 1069

JOACHIM RUST, Gastwirt

„Jeden Sonntag Tanz" war die verlockende Werbebotschaft der Gasthöfe, wie hier im „Landeshaus".

Gruss aus Finkenwärder — Landeshaus

William Rahmstorf war der erste Wirt, der bereits 1889 an seinen „Finkenwärder Hof" einen Tanzsaal baute. Er hatte erfahren, dass auf der Schiffswerft in Rosslau der Raddampfer „Harmonie" entstand und sogleich den Aufschwung in Finkenwerder vorhergesehen. Seine Rechnung ging auf, und als immer mehr Hamburger durch die Tanzvergnügen angelockt wurden, zogen auch andere Wirte nach. So entstanden, im üppigen Schmuck der Kaiserzeit, große und repräsentative Festsäle.

Zum Tanz spielten einheimische Blaskapellen auf und machten Stimmung. Es dauerte stets nicht lange, bis die neuesten Musikhits aus Hamburg auch die Elbinsel erreichten und dort eine begeisterte Aufnahme fanden. Auch wenn die Musiker, vor allem in vorgerückter Stunde, vielleicht nicht immer alle Töne ganz genau trafen, war die Tanzfläche stets gut gefüllt, wenn sie mit Spielfreude, Lautstärke und dicken Backen für gute Laune sorgten.

Die Finkenwerder Wirtsleute waren anerkannte Gastgeber. Ihre Küche war sensationell, die Preise moderat, die Umsätze gewaltig und Hamburger Brauereien rissen sich um Lieferverträge. Bereits um 1880 hatten sie auf der Elbinsel die ersten Bierverlage eingerichtet und brachten ihre Bierfässer oft schon im Winter mit Pferdeschlitten über die zugefrorenen Wasserarme der Elbe, damit bei Saisonbeginn kein Gast auf sein begehrtes Bier verzichten musste. Besonders beliebt war Finkenwerder bei Hamburger Vereinen, die zahlreich erschienen.

Der Gastwirt Wilhelm Rahmstorf war besonders einfallsreich und ließ seine Gäste vom Dampferanleger abholen, um sie mit schmissiger Blasmusik direkt zu seinem „Finkenwärder Hof" zu bringen. Wenn die einheimischen Kinder die Musik hörten, liefen sie zusammen, riefen „Der Klub kommt" und marschierten mit. Waren die Gäste bei Rahmstorf eingekehrt, gab es zum Einheitspreis „Kaffee und Kuchen satt" und später leckere Speisen. Der Abend wurde dann mit flotter Tanzmusik verbracht. Der Rückmarsch zum Dampfer fand oft weniger pompös statt, dafür waren zwölf Schubkarren extra für den Personentransport angeschafft worden, mit denen besonders intensive Zecher zum Anleger transportiert und „abgeladen" werden konnten.

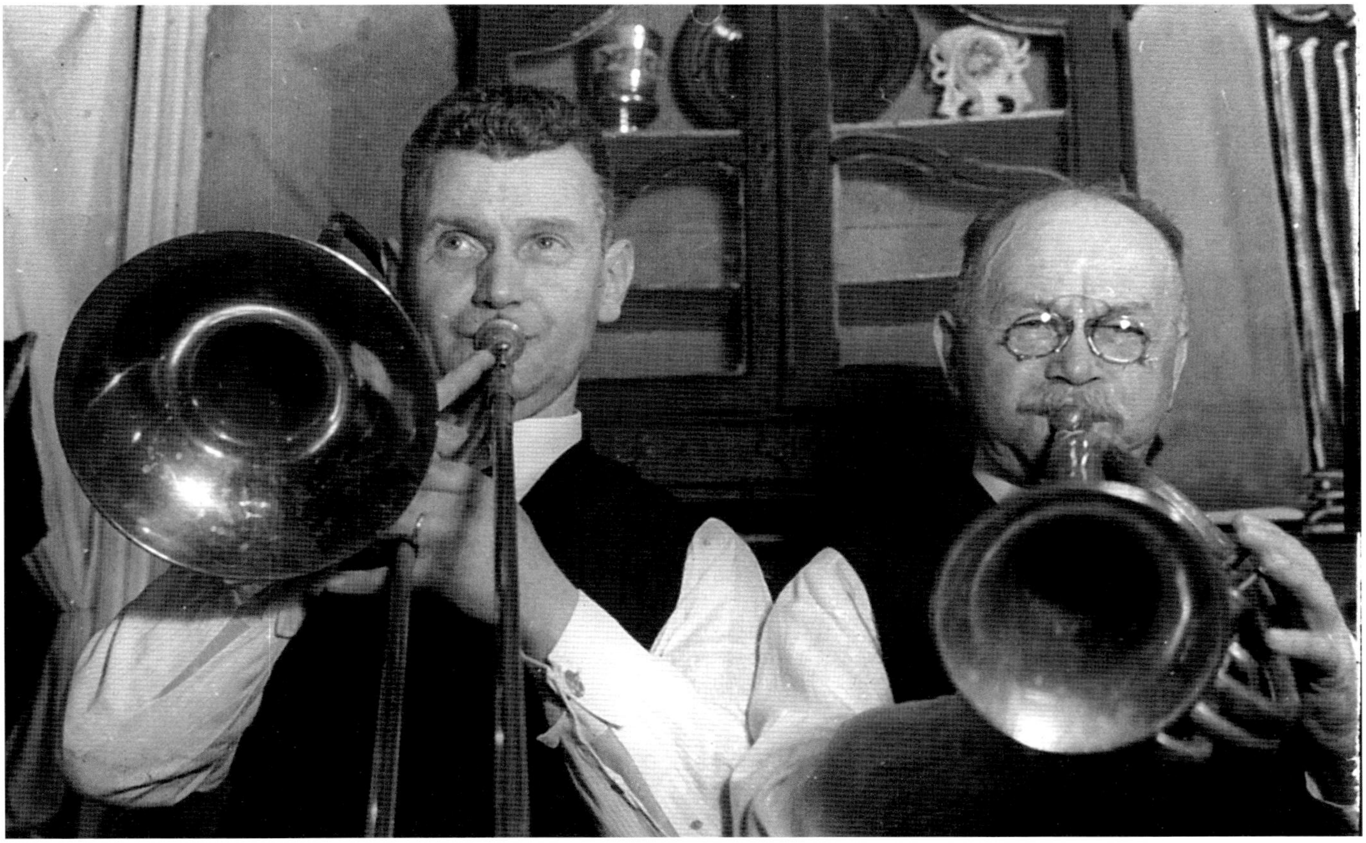

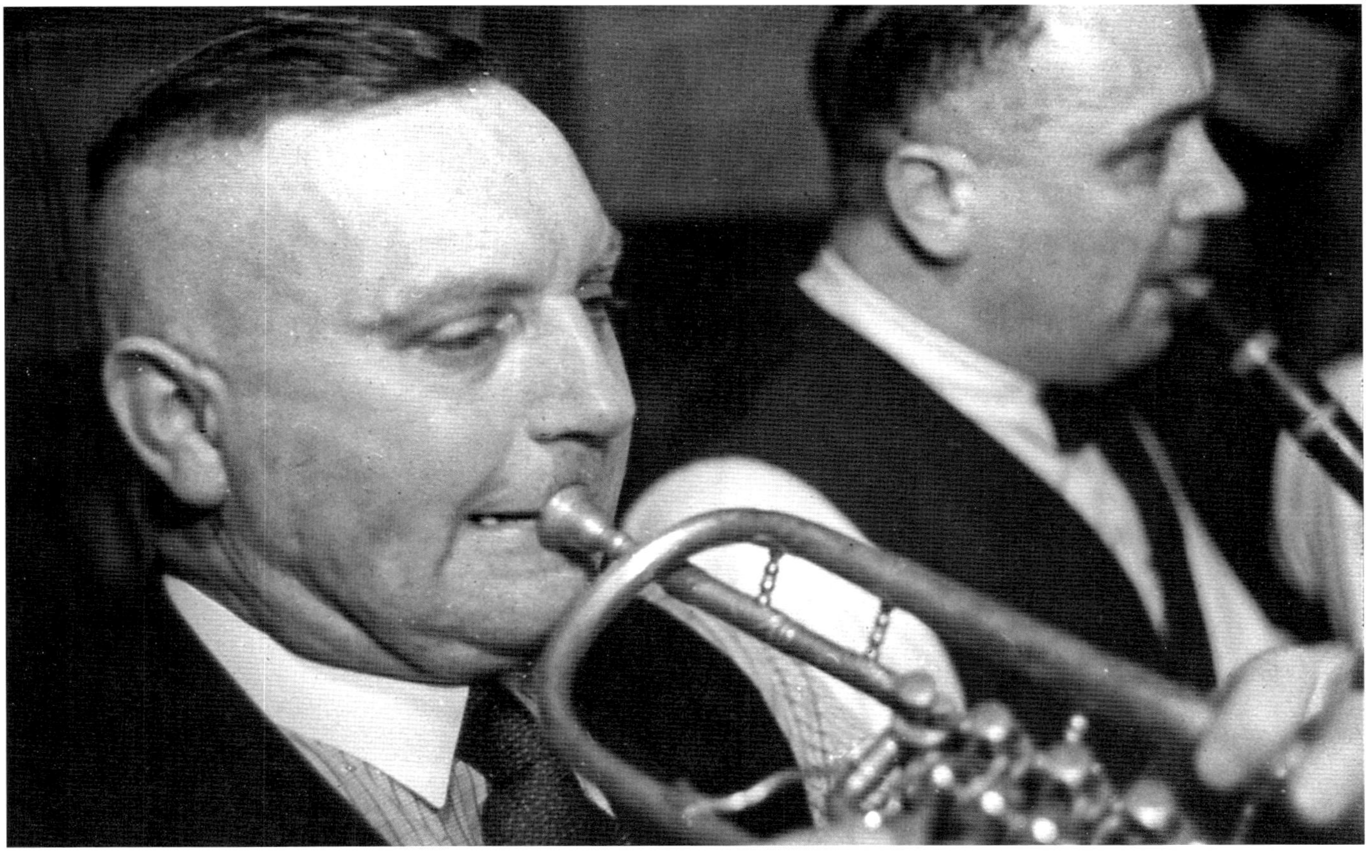

„Der Klub kommt!" Mit Musik vom Dampfer zum „Finkenwärder Hof".

Abseits der lauten Tanzsäle luden gemütliche Kneipen nicht nur zum Essen und Trinken ein, sondern auch zum Gedankenaustausch. Viele Gastwirte waren in jungen Jahren zur See gefahren und ihre Erlebnisse fanden interessierte Zuhörer. Dass sich in die Erzählungen aus Seefahrt und Fischerei dann auch manch Seemannsgarn mischte, überrascht nicht. Im Gegenzug versorgten die „Butenlanner" die Insulaner mit allen Neuigkeiten, sodass die Finkenwerder Gasthöfe im Sommerhalbjahr die teuren Zeitungsabonnements einsparen konnten. Gelesen wurde erst wieder in den ruhigen Wintermonaten.

Das kleine Glück

Tiefe Einschnitte brachten Erster Weltkrieg und Inflation, doch davon erholte sich Hamburg wieder. Zum völligen Zusammenbruch kam es erst im Zweiten Weltkrieg, als die einst so stolze Hansestadt im Bombenhagel zerstört wurde. 1945 konnte niemand erahnen, dass es in absehbarer Zeit wieder ein normales Leben geben würde und dennoch regten sich inmitten der Trümmerwüste erste Anzeichen einer neuen Hoffnung. Die Menschen suchten das kleine private Glück und fanden es ganz bescheiden auch auf Finkenwerder.

Später setzte das Wirtschaftswunder ein und die Elbinsel wurde erneut zum beliebten Ausflugsziel. Nun gab es wieder Tanzvergnügen und die Wirte konnten Kapellen und Bands verpflichten, die später große Berühmtheit erlangten. Sogar die „Beatles" hatten bereits zugesagt, doch dann scheiterte ihr Auftritt an wenigen hundert DM Gage, die der Wirt der „Elbhalle" nicht drauflegen wollte.

Erst in den 1980er Jahren ging der Besucherstrom auf Finkenwerder zurück. Die Massenmotorisierung lockte nun zu anderen Zielorten und auch die Ansprüche waren gestiegen. Heute gehört die große Zeit der Finkenwerder Musik- und Tanzvergnügen der Vergangenheit an, und die einst so berühmten Namen, wie „Gasthof Harmonie", „Gasthof Elbhof", „Gasthof Elbhalle" oder „Finkenwärder Hof", sind nur noch Einheimischen bekannt.

1945 war der „Michel" Ostehengeblieben. Davor ein erster Fischstand aus Altenwerder.

Frischer Fisch steht auf den Speisekarten der Finkenwerder Gastronomen jedoch unverändert an erster Stelle, auch wenn er nicht mehr von Kuttern angeliefert wird, die das markante „HF" am Steven führen. Dafür kann die weltberühmte „Scholle Finkenwerder Art", dank der heutigen Kühltechnik, ganzjährig bestellt werden.

Selbst wenn Finkenwerder heute nicht mehr „Hamburgs Mallorca" ist, so bieten die Gasthöfe weiterhin gutbürgerliche Gastlichkeit an sowie traditionelle Fischgerichte und originale Finkenwerder Speisen. In sehr vielen Privatküchen der einstigen Elbinsel wird unverändert mit viel Liebe und Hingabe gekocht und eine Einladung zum Essen ist für „Butenlanner" nicht nur eine Ehre, sondern ein großartiger Genuss.
Auch wenn sich die ehemalige Elbinsel mächtig verändert hat, es wird noch immer eine herzliche Gastfreundschaft gepflegt.
– Da hat sich nichts geändert!

Finkenwerder Idylle um 1880.

Guten Appetit und viel Freude an unserer ehrlichen regionalen Küche mit ihren überlieferten Rezepten.

Die Liedertafel Harmonie wünscht viel Erfolg beim Zubereiten!

Wenn nicht anders vermerkt, gelten die Rezepte jeweils für **vier** Personen.

Abkürzungen:

EL = Esslöffel	TL = Teelöffel	g = Gramm
Pck. = Päckchen	Std. = Stunde(n)	Min. = Minuten

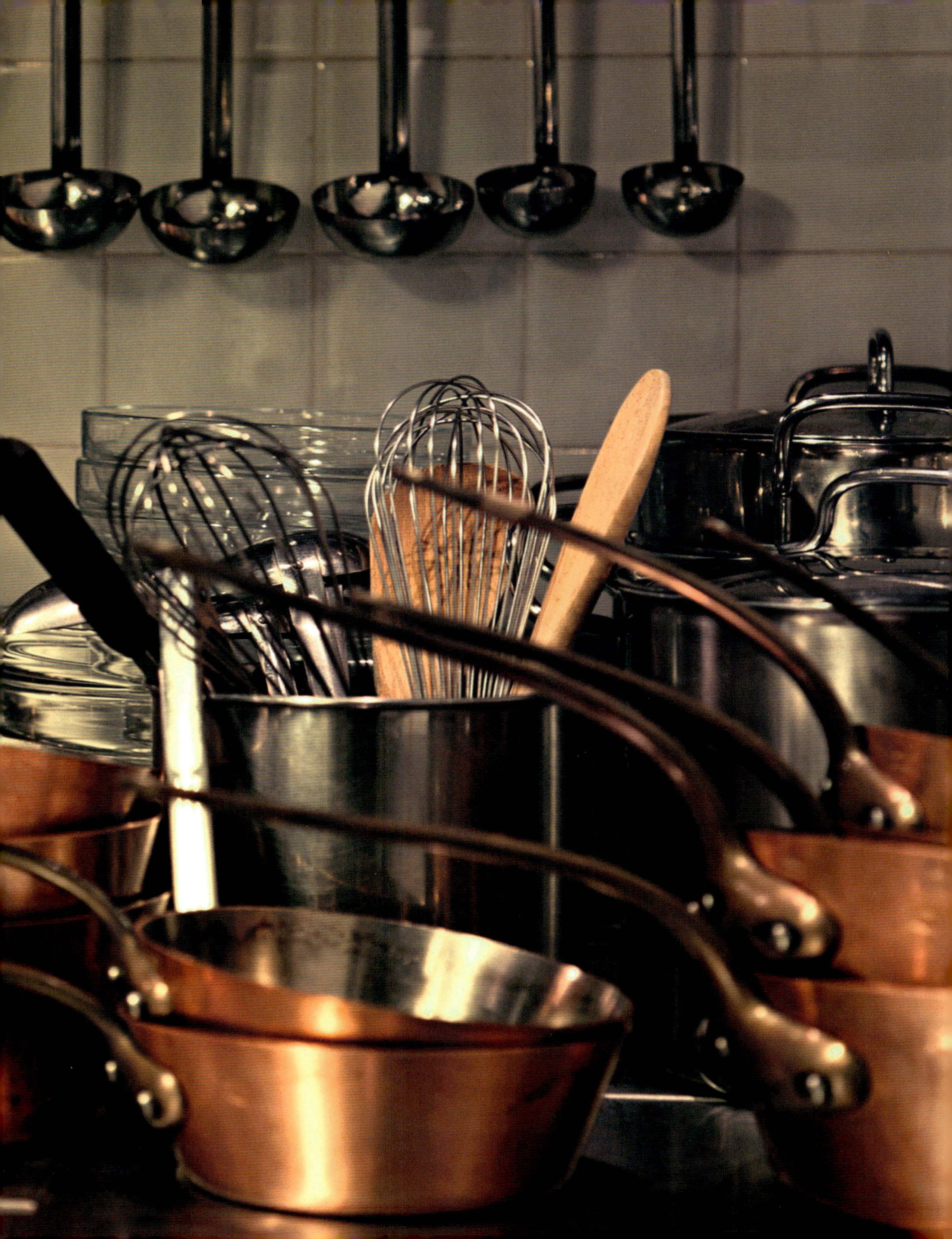

In Hamborg is dat Eten wunnerscheun

Im Folgenden wollen wir typische Gerichte aus Finkenwerder, Hamburg und Norddeutschland vorstellen, deren Beliebtheit ungebrochen ist und die generationsübergreifend schmecken.

Einstimmen müssen wir uns jedoch mit dem ersten Vers und dem Refrain der Hymne über die volkstümliche Hamburger Küche, dem Lied „Snuten un Poten". Dabei waren Schnauze und Füße vom Schwein eigentlich ein Essen der armen Leute, denn gutes Fleisch war teuer, während Snuten un Poten von den Schlachtern billig abgegeben wurde. Den vollständigen Text und die Noten finden Sie auf Seite 80.

„In Hamborg is doch wie bekannt, dat Eten wunnerscheun,
so manche Spezialität kriegt man bi uns to sehn,
uns Rookfleesch, Knackwust, Butt und Stint, das is 'n Hochgenuss,
veel scheuner noch als Sekt,
de ganze Krimskroms schmeckt,
wer sich sowat bestellt,
de kriegt wat för sin Geld.

Refrain: So 'n Putt vull Snuten un Poten dat is 'n fein Gericht,
Arven un Boh'n, wat scheun'res gifft dat nich.
Jo, Spickool un Klüten un denn 'n Köm dorto.
O Junge, Junge wat 'n Eten, lang man düchtig to.
O Junge, Junge wat 'n Eten, lang man düchtig to!"

Suppen

Finkwarder Hochtiedssupp
(Finkenwerder Hochzeitssuppe)

2 Liter Wasser
1 Hühnerbein
1/2 Knolle Sellerie
250 g Nudeln
500 g Ochsenbein
500 g Markknochen
1/2 Stange Porree

Fleischklöße:
300 g Hack
1/2 eingeweichtes Rundstück
etwas Brötchenmehl
1 Ei
Geriebene Muskatnuss
Salz, Pfeffer
Eierstich:
2 Eier
1/8 Liter Milch

Das Wasser mit klarer Brühe und der Einlage aufsetzen und gut durchkochen lassen.

Die Fleischklöße und den Eierstich später hinzugeben. In der Spargelsaison können auch Spargelspitzen hinzukommen.

Wer es mag, kann die Suppe auch mit Reis auffüllen.

Suur Supp
(Saure Suppe)

3 Liter Wasser
1 Katenschinkenknochen mit reichlich Fleischresten
1/2 Knolle Sellerie
250 g Wurzeln (Möhren)
1 Stange Porree
250 g frisch gepalte Erbsen
1 Petersilienwurzel
400 – 500 g Backobst (Pflaumen, Apfelringe, Birnen)
1 Tasse gehackte frische Kräuter (Petersilie, Dill, Thymian, Majoran, Estragon, Kerbel)
1/2 Tasse Weinessig
1 EL Zucker, Salz

Schwemmklöße:
1/8 Liter Milch
40 g Butter
60 g Mehl
1 Ei
Salz, Muskat

Den Schinkenknochen über Nacht in Wasser legen, um ihm das Salz zu entziehen. Das Backobst in Wasser einweichen. Zuerst den Knochen mit frischem Wasser aufsetzen und ca. eine Std. köcheln lassen, danach das gewürfelte Gemüse hinzugeben und bei mittlerer Hitze eine weitere halbe Std. kochen lassen. Knochen herausnehmen, Fleisch abschaben und wieder in die Brühe geben. Zum Schluss das Backobst und die gehackten Kräuter hineingeben. Mit Salz, Zucker und Essig abschmecken, der Geschmack soll süß-sauer sein. Dazu werden Schwemmklöße gereicht, die in der Suppe gargezogen sind.

Schwemmklöße: Milch, Butter, Salz und Muskat zum Kochen bringen, dann das Mehl hineinrühren. Topf vom Herd nehmen, das Ei hineinquirlen und kleine Klöße formen, die in der Suppe gar werden.

Frische Suppe

3 Liter Wasser
3 Pfund Rindfleisch
Rinderknochen
Sellerie, Porree
wenig Wurzeln
Petersilienwurzel
1 Suppenbund

Fleisch, Wasser und ein Suppenbund zusammen aufsetzen, langsam alles ziehen lassen, bis das Fleisch gar ist, dann das restliche Gemüse hinzufügen, weiter ziehen lassen, bis alles gar ist. Mit Salz abschmecken. Die Suppe unbedingt anreichern mit Schwemmklößen, Grießklößen oder auch Fleischklößen, *(s. Kapitel Klüten).*

Frühlingssuppe

Frische Erbsen
Bohnen
Wurzeln
Spargel
Kohlrabi
Blumenkohl usw.
40 g Fett
40 g Mehl
1/4 Liter Milch
1 Eigelb

Das Gemüse in Salzwasser gar kochen. Fett zerlassen, Mehl hinzugeben und leicht mit durchschwitzen. Auffüllen mit Gemüsewasser und Milch. Legieren mit Eigelb und abschmecken mit Salz und Petersilie. Als Einlage das Gemüse hineingeben. Zum Schluss Würstchen in Stücke schneiden und hinzugeben.

Finkenwerder Fischsuppe

1 Makrele
250 g Aal
1 Seezunge
4 Scheiben Steinbutt
4 kleine Heringe
1 kleiner Schellfisch
4 Scheiben Kabeljau
4 Hummerkrabben
1 kg Fischköpfe
500 g Tomaten
1/2 TL Thymian
1/2 Fenchelknolle
1 Petersilienstengel
1/2 Lorbeerblatt
1/2 Kohlrabi
1/2 Paprikaschote
1 Tasse in Scheiben geschnittene Zwiebeln
1/2 Tasse in dünnen Streifen geschnittenen Porree
1/2 Tasse Olivenöl
1/2 Liter herber Weißwein
Pfeffer und Salz

Porree und Zwiebeln in einem 4-Liter Topf andünsten. Dann mit 1/2 Liter Wasser, dem Öl und dem Wein die Fischköpfe, die geviertelten Tomaten, Gewürze und das kleingeschnittene Gemüse aufsetzen, 30 Min. leicht kochen. Den Sud durch ein feines Sieb streichen und mit Pfeffer und Salz abschmecken. Die gewaschenen und ausgenommenen oder filetierten Fische in große Stücke schneiden und mit dem Sud 15 Min. leicht kochen. Dann die Fische mit einer Schaumkelle herausnehmen und auf einer warmen Platte anrichten. Die Suppe wird in einer Terrine serviert.

Dazu: Kümmelbrot

> *„Und steigt in die Nase mir Aalsuppenduft,*
> *dann krieg ich so Heimweh nach Hamburger Luft.*
> *Dann wünsch ich mir nichts als 'ne Mütze voll Wind*
> *und ein Schiff mit sechs Segeln, das nach Hamburg mich bringt."*

Klassische Hamburger Aalsuppe

1 große Katenschinkenhaxe
2-3 Liter Fleischbrühe
1000 g mittelgroße Aale
1/4 Liter Weinessig
1 Zwiebel mit einem Lorbeerblatt und 2 Nelken gespickt
500 g Dörrobst oder getrocknete Pflaumen
500 g geschälte, gewürfelte Kartoffeln
150 g gewürfelte junge Möhren
180 g frische grüne Erbsen
1 gewürfelter junger Kohlrabi
1 mittelgroßer Blumenkohl in Röschen
Mehlklöße
10-12 Pfefferkörner
Aalkräuter, Stärkemehl
Essig, Zucker, Salz

Die Schinkenhaxe in der Fleischbrühe oder Wasser kochen. Die Aale abziehen, gut säubern, in gleichmäßige, löffellange Stücke schneiden und 30 Min. wässern. Das Wasser abgießen, die Aale mit frischem Wasser, Essig, der gespickten Zwiebel und den Pfefferkörnern kochen und beiseite stellen.

Das zuvor eingeweichte Dörrobst in dem Einweichwasser gesondert garen. Sobald die Schinkenhaxe weich ist, aus der Brühe nehmen und in größere Stücke schneiden. Die Brühe passieren, das Gemüse und die Kartoffelwürfel darin nach und nach kochen. Die passierte Aalbrühe hinzugeben und sobald das Gemüse dreiviertel gar ist, mittelgroße Mehlklöße in der Brühe mitkochen. Das Dörrobst in die Suppe geben und alles aufkochen. Mit Essig, Zucker, Salz und frisch gemahlenem Pfeffer abschmecken und die fein gehackten Aalkräuter * hinzufügen. Die Suppe, die süßsauer schmecken muss, über die Aalstücke gießen.

<u>Dazu:</u> Frisches Weißbrot.

*<u>Tipp:</u> Fertig abgepackte Aalkräuter gibt es in gutsortierten Hamburger Feinkost- und Bioläden. Sie bestehen aus Dill, Salbei, Rosmarin, Kerbel, Thymian, Zitronenmelisse, Borretsch, Petersilie, Schnittlauch und Sellerieblättern.

Hamburger Aalsuppe

Für die Suppe:
1 Bund Suppengrün
1 Stück Schinkenknochen
2½ Liter Wasser
750 g Räucher-Aal
2 Zwiebeln
125 ml Weinessig
8 Pfefferkörner
4 Nelken
125 ml Weißwein
75 g Kurpflaumen
75 g Apfelringe
je 1 TL Thymian, Salbei und Basilikum

Für die Grießklößchen:
100 ml Milch
30 g Butter
50 g Grieß
1 Ei

Suppengrün würfeln und mit dem Knochen im Wasser 3 Std. lang köcheln lassen. Brühe durchsieben. Den Aal filieren, häuten und dann in mundgerechte Stücke schneiden. Aalabfälle mit ungeschälten, geachtelten Zwiebeln, Essig, Pfeffer, Nelken und Weißwein 30 Min. in der Brühe kochen. Abseihen und Brühe abschmecken.

Inzwischen die Milch mit der Butter aufkochen, Grieß und Ei dazurühren, bis sich die Masse vom Topf löst. Abkühlen lassen und mit einem Teelöffel Klößchen formen. Aalstücke, Pflaumen, Apfelringe (eventuell klein geschnitten) und Gewürze sowie die Klößchen in die Fischbrühe geben und das Ganze 10 Min. ziehen lassen.

Blankeneser Aalsuppe mit Kochbirnen
(4-6 Personen)

1 Schinkenknochen
(möglichst vom Holsteiner Katenschinken)
250 g ausgepalte Erbsen
250 g in Würfel geschnittene gelbe Wurzeln
2 Stangen Porree, in feine Ringe geschnitten
1½ Tassen fein gehackte Kräuter (Thymian, Majoran, Estragon, Dill, Petersilie, Tripmadam, Sauerampfer, Kerbel)
1/2 Sellerieknolle, geschält und gewürfelt
200 g Backpflaumen
125 g getrocknete Ringäpfel
500 g geschälte und geviertelte Kochbirnen
Salz
2 EL Essig
1 EL Zucker
1 EL Butter
2 EL Mehl
800 g frischer Aal

Den Schinkenknochen in einem großen Topf mit 3 Liter Wasser aufsetzen und ca. 1 Std. kochen lassen. Inzwischen Backpflaumen und Äpfel in heißem Wasser einweichen. Dann das geputzte Gemüse in die Schinkenbrühe geben, nach einer halben Stunde den Knochen herausnehmen, die Fleischreste abkratzen, in die Brühe zurücktun und das Backobst mit dem Einweichwasser dazugeben. Butter und Mehl in einer Tasse zu einem glatten Kloß verkneten, damit die Brühe sämig rühren und 3 Min. kochen lassen. Mit Essig, Zucker und Salz abschmecken. Den Aal abziehen, entgräten, in Stücke schneiden und mit den gehackten Kräutern in der Brühe ca. 15 Min. ziehen lassen. Die Kochbirnen vorher getrennt in Wasser mit Zucker weich kochen und kalt dazu servieren.

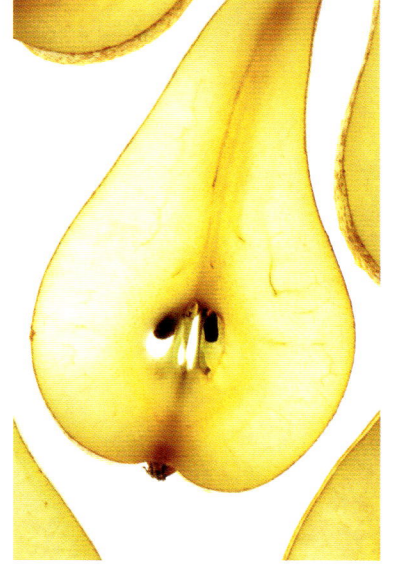

Dazu: Schwemm- oder Mehlklöße, die in Salzwasser gegart werden.

Verlorene Aalsuppe

Das gleiche Gericht kochen, jedoch ohne Aal.

Hamburger Krebssuppe

5 Liter Wasser
10 frische Krebse
1 kl. Kalbsniere
1½ Liter Fleischbrühe
75 g Butter
1 dünne Stange Porree
1/2 Sellerieknolle
125 g grüne Erbsen
250 g Spargel
(Erbsen und Spargel vorher kochen)
1 EL Mehl
2 Eigelb
Muskatblüte
Paprikapulver
Salz

Kalbsniere häuten, blanchieren, in Streifen schneiden und mit der Brühe längere Zeit kochen, um deren Geschmack zu veredeln. Brühe durch ein Sieb gießen. Die lebenden Krebse in reichlich sprudelnd kochendes Salzwasser werfen, 5 Min. kochen und in dem Wasser etwas abkühlen lassen. Dann löst man das Fleisch aus den Schwänzen und Scheren und entfernt den Darm aus dem Schwanz.
Die Schalen werden mit der Butter im Mörser zerstoßen, in einen Topf gegeben und mit dem in feine Ringe geschnittenen Porree, dem klein gewürfelten Sellerie, der gehackten Petersilie, Paprikapulver (Rosenpaprika), Muskatblüte und Salz bei schwacher Hitze geröstet, bis die Masse deutlich rötlich ist. 1 EL Mehl dazugeben, anschwitzen, mit der Brühe auffüllen und ca. 1 Std. bei schwacher Hitze kochen lassen. Das klein geschnittene Krebsfleisch und die Gemüse unterrühren und kurz durchwärmen.
Vor dem Servieren die Eidotter mit der Suppe verquirlen.

Dazu: im Backofen gewärmte Fleurons (Blätterteighörnchen) oder heißer Toast.

Hamburger Austernsuppe

1 Pfund mageres Rindfleisch
Einige Scheiben roher Schinken
16 frische Austern
1/4 Liter Weißwein
50 g Butter
1-2 kleine Zwiebeln
einige Möhren
2 EL Mehl
1/2 Liter milde Fleischbrühe
2 Eigelb
1/8 Liter süßen Rahm oder Schlagsahne
Saft einer Zitrone

Das magere Rindfleisch und den rohen Schinken in Scheiben schneiden, in Butter halbbraun schwitzen lassen und dann zusammen mit der Fleischbrühe kochen. Zwiebeln, Möhren und ein wenig Mehl, das vorher mit Wasser glatt gerührt wurde, hinzugeben. Ist das Fleisch gar geworden, die Brühe durch ein Sieb gießen, sich setzen lassen und mit Eidotter abziehen.
In der Zwischenzeit bei den Austern die Bärte putzen, wobei das darauf befindliche Wasser bleiben muss, dann über kleiner Flamme steif werden lassen, aber nicht kochen, damit sie nicht hart werden. Das Austernwasser durch ein Sieb geben, zur Suppe hinzufügen und die Suppe heiß werden lassen ohne sie aufzukochen.
Die Austern vorsichtig aufbrechen, das Fleisch herausnehmen und beiseite stellen. Dann das Austernwasser in eine Kasserolle gießen, mit Butter und Weißwein erhitzen, die Fleischbrühe hinzugeben und mit dem in Rahm verquirlten Eigelb legieren. Jeweils 4 Austern in einen Teller legen, mit Zitronensaft beträufeln und die heiße Suppe darüber gießen.

Dazu: Baguette oder Toast.
Tipp: den Teller nicht zu voll machen, damit die Austern gut sichtbar sind.

Hamburger Muschelsuppe

3 kg Miesmuscheln	Die Muscheln werden mit siedendem Wasser bedeckt und müssen bei schwacher Hitze so lange ziehen, bis sie sich öffnen. Brühe durch ein Sieb gießen und das Muschelfleisch auslösen.
1 Stange Porree	
2 Wurzeln	
½ Sellerieknolle	Das geputzte, klein geschnittene Gemüse mit den Lorbeerblättern und Nelken in der Brühe ca. 15 Min. kochen, bis es weich ist. Mit Weißwein, Salz und frisch gemahlenem Pfeffer abschmecken, das Muschelfleisch dazugeben und 5 Min. ziehen lassen.
1 Petersilienwurzel	
2 Lorbeerblätter	
2 Nelken, Salz, Pfeffer	
1/8 Liter Weißwein	Topf vom Herd nehmen und die 2 Eigelb mit der Suppe verquirlen.
2 Eigelb	

Dazu: frisch geröstetes Toastbrot oder im Backofen erhitztes Meterbrot.

Fischsuppe von den Halligen

500 g Gemüse der Saison	Gemüse: z.B. Erbsen, Wurzeln, Bohnen, kleine Möhren, Zucchini, Blumenkohl vorbereiten.
1 mittelgroße Zwiebel	
500 g Fischfilet	Zwiebel in Ringe schneiden, in Butter andünsten und das Gemüse dazugeben, dann mit Brühe auffüllen. Wer es mag kann auch etwas Knoblauch in die Brühe geben. Abschmecken und (ca. 15 Min.) fast gar kochen lassen.
1/2 Liter Fleischbrühe	
(nach Bedarf auch mehr)	
Butter	
Petersilie	Fischfilet etwas säuern und in Würfel schneiden, dazugeben und gar ziehen lassen (ca. 5 Minuten). Abschmecken und mit Petersilie bestreuen.
Salz	
Pfeffer	*Dazu:* Baguette, vielleicht auch mit Knoblauchbutter
Paprika	*Tipp:* Damit das Gemüse beim Servieren noch „Biss" hat, je nach Gemüseart auch kürzer kochen.

Krabbensuppe

1-2 Zwiebeln	Zwiebeln in Butter dünsten, Krabben hinzufügen, mit etwas Wasser auffüllen, den Brühwürfel darin auflösen, dann Pfeffer und die Knoblauchzehe dazugeben.
Butter	
1 kleine Dose geschälte Tomaten	
1 kleine Dose Champignons	
1-2 Beutel Krabben	
1 Brühwürfel	Alles zusammen aufkochen lassen. Abschmecken und mit etwas süßer Sahne abrunden.
2-3 EL grüne Pfefferkörner	
1 Knoblauchzehe dazugeben	

Helgoländer Fischertopf

50 g Margarine	Speck in Würfel schneiden und zusammen mit der klein geschnittenen Zwiebel in der Margarine glasig dünsten. Das gewaschene und zerkleinerte Gemüse hinzugeben und zusammen mit der Brühe gar kochen.
150 g geräucherter Speck	
Zwiebel	
1 kg verschiedene Gemüse	
2 Liter Fleisch- oder Instant-Brühe	Das Fischfilet waschen, salzen und säuern, etwas durchziehen lassen und in Gulaschstücke schneiden. Zum Schluss dem fertig gekochten Eintopf hinzufügen und gar ziehen lassen.
600 g Seelachsfilet	
Zitronensaft	
Salz nach Bedarf	Mit Petersilie anrichten.
Petersilie	*Dazu:* im Gemüse gedünstete Kartoffelstückchen oder körnig gekochter Reis.

Hamburger Kartoffelsuppe

2 Zwiebeln
30 g Schweineschmalz
1 Liter Brühe
1/2 Sellerie
1 Stange Lauch
3 Möhren
1 Petersilienwurzel
2 Tomaten
400 g Kartoffeln
100 g durchwachsener Speck
Petersilie

Zwiebeln fein hacken, in heißem Schmalz glasig dünsten, mit Brühe auffüllen. Gemüse und Kartoffeln putzen, klein schneiden und 30-45 Min. darin gar ziehen lassen. Speck klein schneiden, kross ausbraten und mit gehackter Petersilie in die Suppe streuen.

Kapitän Peter Bargmann 2007 auf der Brücke der M.S. „Ever Champion", einem der damals größten Containerfrachter mit 100.864 TDW, einer 92.000 PS starken Maschine, die 25,2 Knoten schafft und einer Ladekapazität von 8.000 TEU.

Käpt´n Bargmanns Kartoffelsuppe

1000 g Suppenknochen vom Rind
750 g Suppenfleisch vom Rind
125 g durchwachsenen Speck
1 Kohlwurst
2 Bockwürste
1 Bund Suppengrün
2 große Wurzeln (Möhren)
2 mittelgroße Zwiebeln
1 Stange Porree
2 Stangen Gemüsezwiebeln
2000 g Kartoffeln
2 Blatt Lorbeer
Pfefferkörner
Majoran, Salz, Pfeffer, Fondor

Als erstes Knochen und Rindfleisch kurz aufkochen und dann mit kaltem Wasser abspülen. Erneut in ca. 3 Liter kaltem Wasser aufsetzen und mit gewaschenem Suppengrün, einer gehackten Zwiebel, Lorbeerblättern und Pfefferkörnern leicht köcheln lassen. Nach 2 Std. das gare Rindfleisch herausnehmen, etwas abkühlen lassen und zusammen mit den Würsten in ca. 1 cm große Würfel schneiden.
Nach weiteren 2 Std. den Topfinhalt durch ein Sieb gießen und in der verbliebenen Brühe in Würfel geschnittene 4 mittelgroße Kartoffeln und Wurzeln fast gar kochen, dann herausnehmen. 4 weitere Kartoffeln beiseite legen und die restlichen Kartoffeln in der Brühe gar kochen und klein stampfen. Nun den gewürfelten Speck in einer Pfanne auslassen, Porree und die zweite Zwiebel in Würfel schneiden und im Speck kurz anbraten. Dann alles zusammen mit Fleisch, Würsten, Wurzeln und Kartoffeln zur Suppe geben und mit Salz, Pfeffer, Fondor und Majoran abschmecken. Jetzt die restlichen 4 Kartoffeln reiben und unterrühren, damit die Suppe sämig wird und noch 5 Min. köcheln lassen.
Nach dem Anrichten die in dünnen Scheiben geschnittenen Gemüsezwiebeln unterrühren, einen Schuss Sahne darübergießen und leicht auf der Oberfläche verrühren.

Über 50 Jahre fuhr der Finkwarder Jung Kapitän Peter Bargmann zur See und blieb seiner Heimat stets verbunden. Doch wenn er mal heimische Kost essen wollte, musste er selber ran, das konnten seine philippinischen Köche nicht.

Bohneneintopf mit Gänsefleisch
(5 Personen)

je 150 g rote und weiße Bohnen
1 Stück Sellerieknolle (250 g)
2 Gänsekeulen (etwa 1 kg)
Salz, frisch gemahlener Pfeffer
2 Lorbeerblätter
1/2 Paket Kartoffelkloßpulver halb und halb (110 g)
2 Bund Petersilie
1 TL Senf

Bohnen über Nacht in 1¼ Liter Wasser einweichen. Sellerie schälen und würfeln. Gänsekeulen abspülen und trocken tupfen. Fleisch rundherum ohne Fett braun anbraten. Salzen und pfeffern. Vom ausgebratenen Fett 3 EL abnehmen und Sellerie darin anbraten, dann Bohnen mit Einweichwasser, Gänsekeulen und Lorbeerblätter dazugeben. Im geschlossenen Topf 1½ Stunden kochen. Kloßpulver nach Anweisung auf der Packung mit Wasser, einem Bund gehackter Petersilie und Senf verrühren. 10 Min. quellen lassen. Aus der Masse kleine Klöße formen. In kochendes Wasser geben und bei kleiner Hitze 8 Min. garen. Gänsekeule aus dem Eintopf nehmen, Fleisch von Haut und Knochen lösen und klein schneiden. Eintopf mit Salz und Pfeffer abschmecken. Gehackte Petersilie, Fleisch und abgetropfte Klöße zugeben. Kurz erhitzen und nachwürzen.

Holsteiner Bauerntopf

500 g Schweinefleisch
500 g Kartoffeln
2 Stangen Porree
500 g Kohl
Salz, Pfeffer, Zucker
Bohnenkraut
1/4 Liter Brühe
Schnittlauch

Das Fleisch würfeln und von allen Seiten anbraten, dann alle anderen Zutaten hinzufügen, mit der Brühe auffüllen und kochen lassen, bis alles gut gar ist. Bei Flüssigkeitsverlust Wasser oder Brühe ergänzen. Mit gehacktem Schnittlauch servieren.

Hacksuppe
(8 Personen)

500 g Kartoffeln
3 große Zwiebeln
2 EL Öl
2 Pfund gemischtes Hack
1/2 TL Rosenpaprika,
Salz, Pfeffer, Basilikum
evtl. Knoblauch
1½ - 2 Liter Fleischbrühe
1 Pfund Tomaten oder
1-2 Dosen geschälte Tomaten
3 Paprika
2 Dosen Mais
1 kleine Dose Tomatenmark
1 kleine Dose Champignons

Kartoffeln und Zwiebel in Würfel schneiden, in Öl andünsten, Hack dazugeben und mit Fleischbrühe auffüllen. Gewürfelte Paprika und Gewürze hinzugeben und 20 Min. garen lassen. Dann alle restlichen Zutaten dazugeben und abschmecken.

Tipp: Die Suppe kann sehr gut eingefroren werden.

Oma un de Arfensupp

Dingsdag is't, en Dag in'n Sommer.
Oma sitt in ehre Komer.
Doch dat Alleenween hett se satt,
Se will nu mit de Bohn to Stadt:

Se jumpt ok los, no Hamborg hin,
de Utverkoop stickt ehr in'n Sinn.
Vör den Bedriev ist se nich bang,
se söcht un wöhlt dor stünnenlang.

Bi Karstadt will se denn wat eten,
ehr knurrt de Magen al so'n beten.
Se drängelt sik na'n Tresen hin,
köfft Arfensupp mit Bockwurst in.

Mit ehre Supp, recht hitt un frisch,
sett Oma sik an'n nächsten Disch.
Mit Bockwurst is dat nu ja so:
Dor hört ok Mostrich mit dorto!

An'n Tresen steiht de Mostrichputt,
un Oma holt sik gau en Dutt.
Doch as se trüchkümmt, gor nich lang,
dor is een bi ehr Supp togang.

En jungen Mann, keen weet woher,
de löppelt Omas Teller leer!
He itt genüsslich un in Roh;
uns Oma kiekt em sinnig to.

Denn Oma meent as Daam vun Welt:
De arme Keerl hett wiss keen Geld.
Un groten Hunger al siet Dogen -
man ok ehr knurrt nu böös de Mogen.

Se geiht an'n Disch noch neeger ran,
un pliert den Teller ümmer an.
Dann: Schwuppdiwupp, mit flinke Hand,
treckt se de Bockwurst sik an Land.

Den Mostrich hett se ganz vergeten,
bloots een, twee, dree de Wurst opeten.
Denn schuult se röber na den Mann
un lacht em nett un fründlich an.

Ok he lacht Oma fründlich to
un löpelt wieder ganz in Roh.
Un as de Teller blitzblank leer,
holt he vun'n Tresen twee Glas Beer.

Een drinkt he uut, un dat wat öber,
dat schuuvt he lies na Oma röber.
Uns Oma strohlt un is ganz baff,
de anner grient un seilt denn af.

De Oma denkt noch düt un dat,
se föhlt sik gor nich richtig satt.
Un noch en Supp will se sik holen,
se söcht dat Lüttgeld to'n Betolen.

Du leeve Tiet, de Schreck is groot,
nu is uns Oma groot in Noot.
Se stuckert wütig in ehr Hoor:
Ehr Handtasch is miteens nich dor!

Se kiekt sik üm un dreiht sik rasch
un süht an'n Naverdisch ehr Tasch.
Ehr Arfensupp - un dat is wohr -
mit Bockwurst in, steiht ok noch dor.

Na, un wat lehrt uns de Geschicht?
Dat, wat een glöövt, dat stimmt oft nicht.
Een mutt ok anner Minschen traun
un jüm nich glieks de Bockwurst klaun.

(Rolf Kuhn)

Arfensupp
(Erbsensuppe)

500 g ungeschälte Erbsen
2 Liter Wasser
1 Bund Suppengrün
500 g Schweinefleisch (Rippen, Bauch, Eisbein)
Speckschwarten
250 g geschälte Kartoffeln
Basilikum, Majoran
Semmelbrösel
Salz

Erbsen am Vorabend in 2 Liter Wasser einweichen. Fleisch waschen, Kartoffeln schälen und würfeln, Suppengrün waschen und in kleine Stücke schneiden. Zu den Erbsen im Einweichwasser nun die Kartoffeln, Suppengrün, Fleisch, Speckschwarten und Salz geben und 2½ - 3 Std. kochen. Kurz vor dem Fertiggaren das Fleisch herausnehmen, Sehnen und Knochen entfernen und in kleine Stücke schneiden, danach in die Suppe zurückgeben, mit Gewürzen abschmecken und mit gerösteten Semmelbröseln servieren.

Frische Erbsensuppe

250 g ausgepalte frische Erbsen
50 g Butter
1½ Liter Kalbsknochen- oder andere Brühe
1 Bund grob gehackte Petersilie
1 Eigelb
1/8 Liter süßer Rahm

Die Erbsen in der Butter bei schwacher Hitze andünsten, dann die Brühe dazugießen, die Petersilie unterrühren und alles ca. 1 Std. bei schwacher Hitze kochen lassen. Gelegentlich umrühren. Dann das Ganze durch ein Sieb rühren und mit dem Rahm und Eidotter andicken. Evtl. noch etwas salzen.

Dazu: in Butter braun geröstete Weißbrotwürfel.

Vierländer Spargelsuppe

250 g frischer Spargel
1½ Liter Fleischbrühe
1 EL Butter
1 EL Mehl
1/8 Liter süßer Rahm
2 Eidotter
Muskat, Salz
evtl. 1 kl. Glas Weißwein oder Sherry
frisch gehackte Petersilie

Spargel schälen, in Stücke schneiden und in einer kochenden Fleischbrühe garen. In einem zweiten Topf eine helle Mehlschwitze bereiten und mit einem Teil der Brühe glatt rühren, die 2 Eidotter hineinquirlen und die restliche Brühe mit den Spargelstücken unterrühren. Zum Schluss den Rahm dazugeben. Mit Salz, Muskat und nach Geschmack mit Wein oder Sherry abschmecken. Mit frisch gehackter Petersilie bestreuen.

Holsteiner Kürbissuppe

350 g Kürbisfleisch
120 g Räucheraalfilet
80 g Butter
3-4 EL Rotweinessig
1 TL Zucker
3/4 Liter Gemüsebrühe
50 ml Schlagsahne
Salz, Pfeffer aus der Mühle
Kürbiskernöl
1 EL gehackte Petersilie

Kürbis waschen und in Würfel schneiden, dann in einem Topf Butter zerlassen, die Kürbiswürfel dazugeben und andünsten. Anschließend mit Rotweinessig ablöschen und leicht zuckern. Nun Brühe und Sahne dazugießen und alles bei milder Hitze 20 Min. köcheln lassen.
Den Inhalt des Topfes pürieren und mit Salz abschmecken.
Geräucherte Aalstücke in vorgewärmte tiefe Teller legen, die Kürbissuppe darübergeben, dann mit einigen Tropfen Kürbiskernöl übergießen und mit Petersilie bestreuen.

Tipp: Zur Dekoration kann das Kürbiskernöl in dekorativen Schleifen auf die Suppe gegossen werden.

Grünkernsuppe

150 g Grünkernmehl
1½ Liter Fleischbrühe
1 Bund Suppengrün
1 Zwiebel
2 Eigelb
1/8 Liter süßer Rahm
Salz, Pfeffer

Grünkernmehl mit etwas kalter Brühe anrühren, dann mit der übrigen Brühe, dem geputzten, fein geschnittenen Suppengrün und der klein gewürfelten Zwiebel eine gute halbe Stunde kochen lassen, durch ein Sieb passieren und mit den Eidottern und dem Rahm verquirlen. Mit Salz und frisch gemahlenem Pfeffer abschmecken.

Tomatencremesuppe mit Basilikum

1 große Zwiebel
2 Esslöffel Butter
50 g Tomaten
1 Liter Gemüsebrühe
Salz, Pfeffer, Zucker
1/4 Teelöffel Basilikum
etwas Weinbrand
frisches Basilikum

Die gehackte Zwiebel mit der Butter anschwitzen, die Tomaten in Scheiben schneiden und dazugeben, danach mit der Gemüsebrühe auffüllen. Mit Gewürzen abschmecken, alles eine halbe Stunde ziehen lassen und dann durch ein Sieb passieren. Dann nochmals aufkochen und mit Mondamin binden, Sahne, Weinbrand und frisches Basilikum dazu tun. Mit einem Häufchen Sahne und ganzen Basilikumblättern garnieren.

Cremesuppe mit Schmelzkäse

60 g Butter
40 g Mehl
1/2 Liter Brühe
4 EL Weißwein
125 g Schmelzkäse
Salz, Pfeffer
2 Zwiebeln
2 Scheiben Toastbrot
1/2 Bund Petersilie

40 g Butter zerlassen, Mehl darin anschwitzen, mit der Brühe sowie 1/2 Liter Wasser und dem Wein ablöschen, dann aufkochen. Den Schmelzkäse etwas zerkleinern, in der Suppe schmelzen lassen, kurz aufkochen und abschmecken. Die Zwiebeln in dünne Ringe schneiden, das Brot in Würfel, und beide in der restlichen Butter schön braun rösten.
Die Petersilie fein hacken, auf die Suppe geben und servieren.

Käse-Lauchsuppe

2 Stangen Lauch
2 Zwiebeln
1 EL Mehl
1½ Liter Brühe
200-350 g Schmelzkäse

Porree und Zwiebeln dünsten und Mehl dazugeben. Mit der Brühe ablöschen und 20 Min. kochen lassen. Schmelzkäse hinzufügen und mit Pfeffer, Salz und Muskat abschmecken.

Oxtail-Suppe

1 Ochsenschwanz
250 g mageres Ochsenfleisch
1½ Liter Wasser
1 Bund Suppengrün
10 Pfefferkörner
1 EL Salz
1/8 Liter Madeira

Schwanz und Fleisch werden in Stücke geschnitten und ohne Butter mit Pfefferkörnern und Salz in einer Kasserolle bei mittlerer Hitze angebräunt. Dann das Wasser dazugeben und nach einer Stunde das geputzte Suppengrün. Die Brühe muss dann noch 1½ - 2 Stunden weiterkochen bis das Fleisch ausgelaugt und faserig ist. Die Brühe durch ein Sieb gießen, mit Salz und Madeira abschmecken. Nach Geschmack eventuell mit Maismehl oder einer Mehlschwitze abbinden.
Dazu: Baguette oder Toast

(Hühnersuppen s. Geflügelgerichte)

Süße Suppen

Altländer Fliederbeersuppe

1 Flasche Fliederbeersaft oder frische Beeren
1/4 Liter Wasser
Zucker nach Geschmack
2 Nelkenköpfe
1 Stück Kaneel
1 Stück Zitronenschale
2 saure Äpfel (Boskop)
eventuell Zitronensaft

Alle Zutaten in einen Topf geben und aufkochen lassen. Äpfel in kleine Stücke schneiden, hinzugeben, gar ziehen lassen und mit etwas Maizena binden.

Dazu: kleine Klöße oder Grießpudding.

Fliederbeersuppe

750 g Fliederbeeren
1 Liter Wasser
5 Quitten oder Äpfel
1 EL Maismehl
etwas Weißwein
80 g Zucker

Die Fliederbeeren werden mit einer Gabel von den Stielen gezupft, gewaschen und mit den geschälten, der Länge nach in schmale Spalten geschnittenen Quitten oder Äpfel bei schwacher Hitze 45 Min. mit Wasser und Zucker gekocht. Dann dickt man die Suppe mit dem in Weißwein angerührten Stärkemehl und streicht sie durch ein Sieb.

Dazu: Schwemm- oder Grießklöße.

Weinsuppe mit Schaumklößen

Suppe:
125 g Perlsago
1 Flasche Moselwein
2 Eigelb
Zucker nach Geschmack
Klöße:
4 Eiweiß
4 EL Zucker
1 EL Zitronensaft
1 EL Weißer Rum

Suppe: Der Sago wird 20 Min. mit Wasser bei schwacher Hitze gekocht, dann gibt man den Wein und den Zucker dazu, lässt die Suppe aber nicht wieder kochen. Bevor man die Klöße hinein gibt, quirlt man die 2 Eigelb unter.

Schaumklöße: Das Eiweiß wird so steif wie möglich geschlagen, dann der Zucker löffelweise unter weiterem Schlagen mit dem Eiweiß verquirlt. Zum Schluss gibt man tropfenweise Zitronensaft und Rum daran. Mit einem Esslöffel werden die Klöße ausgestochen, auf die heiße, aber nicht mehr kochende Suppe gesetzt und bei geschlossenem Topf 10 Min. gegart.

Bickbeersuppe
(Blaubeersuppe)

500 g Bickbeeren
1½ Liter Wasser
2 EL Zucker
2 EL Maismehl

Die Bickbeeren werden gewaschen, verlesen und mit kaltem Wasser im geschlossenen Topf ca. 30 Min. bei schwacher Hitze gekocht. Dann legiert man die Suppe mit dem in kaltem Wasser angerührten Maismehl, lässt sie kurz aufkochen und streicht sie durch ein Sieb. Mit Zucker abschmecken.

Dazu: Schwemm- oder Grießklöße.

Zwetschgensuppe

750 g Zwetschgen
1½ Liter Wasser
4 EL Zucker
Schale einer Zitrone
2 EL Maismehl

2/3 der Zwetschgen werden im Ganzen mit Wasser, einer spiralförmig abgeschälten Zitronenschale und Zucker weich gekocht, dann durch ein Sieb gerührt und die Suppe mit dem in kaltem Wasser angerührten Stärkemehl angedickt. Noch einmal aufkochen lassen und mit Zucker abschmecken. Die restlichen Früchte werden mit heißem Wasser überbrüht, die Haut abgezogen, die Kerne entfernt, getrennt mit etwas Zucker weich gekocht und zum Schluss in die Suppe gegeben.

Kirschsuppe

Zwetschgen durch Kirschen ersetzen, ansonsten bleiben Mengen, Zutaten und Zubereitung gleich.

HELGOLAND BIS ELBMÜNDUNG

Die Tiefenangaben sind bezogen auf Kartennull gleich Mittleres Springniedrigwasser. Mit starken Veränderungen der Sände ist zu rechnen.

"Katerine" Heinz Lieb
"Bradenau" Carsten ...
"Agnes Engel" Werner Engel

Östliche Länge 8° von Greenwich

Fischgerichte

Die Elbmündung bis Helgoland war lange das Hauptfanggebiet der Finkenwerder Fischer. Das Bild hat der Finkenwerder Marinemaler August Pahl gemalt.

Uwes Tipps zum Fisch

Tipps unseres Sangesbruders Uwe Fock

Möglichst Fische kaufen, an denen der Kopf noch dran ist.
Dann erkennt man auch:

Rote Kiemen
Blanke Augen
Glänzende Haut

Wenn man den Fisch in die Hand nimmt, muss man noch eine gewisse Leichenstarre fühlen.
Sobald ein Fisch nicht mehr frisch nach Meerwasser duftet,
sondern leicht riecht, nicht kaufen!

Da wir uns zuerst mit dem Plattfisch Scholle befassen, hier einige Tipps zum Ausnehmen, die auch für jeden anderen Fisch gelten. Das wichtigste Werkzeug ist dabei ein gut geschärftes Messer mit mittellanger Klinge, damit sauber geschnitten und nicht „gerissen" wird. Zusätzlich hilft auch eine scharfe Haushaltsschere:

- *Scholle (Fisch) gründlich abspülen.*
- *Kopf, Schwanz und Flossensaum abschneiden.*
- *Eingeweide herausziehen und mit dem Messer ausschaben.*
- *Den Rogen mit dem Stiel eines Teelöffels aus dem Rogensack entfernen.*
- *Fisch nochmals sehr gründlich unter fließendem Wasser abspülen.*
- *Die Haut nicht entfernen, sie wird mitgegessen.*

Finkenwerder Scholle
(pro Person 1 Scholle mit ca. 500 g)

4 Schollen	Schollen vorbereiten, pfeffern, wenig salzen und leicht mit Mehl bestäuben.
250 g magerer Speck	Speckwürfel auslassen, die Butter zugeben, die mehlierten Schollen darin auf
4 EL Butter	beiden Seiten langsam goldbraun braten.
Salz, Pfeffer	Die Schollen auf vorgewärmten Tellern anrichten, den Bratsatz und die Speckwürfel darüber geben. Mit Petersilie oder Dill garnieren.

Dazu: Salzkartoffeln oder Kartoffelsalat

Dreugtfisch

Eine Delikatesse, die es nur auf Finkenwerder gibt, ist die getrocknete Scholle, der „Dreugtfisch". Früher, als man Fisch noch nicht einfrieren konnte, war das Trocknen eine beliebte Art, um Fisch auch in den Wintermonaten essen zu können, wenn die Ewer und Kutter im Eis festlagen und Winterstürme die Nordsee unsicher machten.

Einer der Letzten, der diese Spezialität noch fachgerecht herstellen kann und damit nicht nur einheimische Freunde, sondern auch ausgewanderte Finkenwerder Familien in Übersee und Australien beglückt hat, war unser Sangesbruder Uwe Fock. Sein Vater Heinrich nahm ihn bereits als Kind mit auf seinen Kutter und zeigte ihm das Trocknen der Fische auf hoher See. Doch weil er seekrank wurde, konnte Uwe nicht Fischer werden. Dies tat seiner Liebe zum Seefisch und besonders zur Scholle jedoch keinen Abbruch und machte ihn zum Finkenwerder „Schollenkönig", wie die Lokalpresse schrieb.

Jährlich war er einer der Hauptinitiatoren des beliebten Schollenfestes am Stack, bei dem es gebratene und auch getrocknete Schollen auf dem Anleger gibt, direkt neben Traditionsseglern und der ehemaligen HADAG-Fähre „Altenwerder".

Am besten eignen sich frische Maischollen zum Trocknen, denn da sind sie noch nicht so fett, auch sind Sonne und Wind idealer als im Hochsommer.

Finkenwerders „Schollenkönig" mit Dreugtfisch.

So kann der fertige Dreugtfisch trocken und luftig gelagert werden.

Bevor die Schollen an der Leine trocknen können, sind vorher Kopf und Innereien zu entfernen.
Dann werden sie 2 Std. in eine Salzlake gelegt, im Verhältnis 10 Pfund Schollen = 1 Pfund Salz.

Kopf abschneiden.

Anschließend werden jeweils zwei Schollen am Steert mit den schwarzen Seiten zusammengebunden. Vorher müssen jedoch Salz und Schleim gründlich entfernt werden. Traditionell erfolgt dies durch petten (treten) der Schollen in einem wasserdurchlässigen Korb und nach intensivem Abspülen.

Durch „petten" das Salz entfernen.

Danach müssen die zusammengebundenen Schollen in einem Winkel von 90° auf einer Leine hängen, damit Sonne und Wind sie gleichmäßig trocknen können und sie nicht kleben. Bei Regen und über Nacht werden die Schollen auf der Leine zusammengeschoben und mit einer Plane abgedeckt.
Je nach Wetter sind die Schollen nach 2 - 4 Tagen gut getrocknet, wobei allerdings die beste Trocknung auf See erfolgt, da es dort keine Fliegen gibt. Die an Land getrockneten Fische müssen jeden Abend gesäubert werden. Abschließend werden die Dreugtfisch zu einem luftigen Kranz aufgebunden und an einem trockenen Platz aufgehängt.

Weil er absolut naturbelassen ist und alle Wertstoffe und Vitamine enthalten sind, ist Dreugtfisch sehr gesund. Zusätzlich bietet er einen echten, ehrlichen Fischgeschmack. In Streifen geschnitten eignet er sich als Snack zu Bier und Köm oder wird von seinen Liebhabern gekocht, dann mit Salzkartoffeln, Speckstippe und grünen Bohnen serviert.

Früher hingen auf Finkenwerder die getrockneten Maischollen wie Wäschestücke an den Wäscheleinen, und die Fischer spannten auf ihren Kuttern Leinen um das Steuerhaus und zu den Wanten, um die Schollen zu trocknen. War der Dreugtfisch dann fertig, wurde er nicht nur für den Eigenverbrauch weggehängt, sondern war auch ein beliebtes Geschenk an Finkenwerder, die nicht mehr in ihrer Heimat lebten. Sogar die Feldpost beförderte im Russlandfeldzug fünf am Steert zusammengebundene Dreugtfische bis zum Ilmensee, als eine Mutter ihrem dort kämpfenden Sohn die getrockneten Schollen übersandte. Sie beschriftete die weiße Seite mit dem Namen ihres Sohnes und dessen Feldpostnummer und brachte die ungewöhnliche Sendung zur Post, die den Fisch abstempelte und verlässlich auslieferte. Der Adressat freute sich dann nicht nur über den schmackhaften Heimatgruß, sondern auch darüber, dass er nicht zu teilen brauchte, wie dies sonst bei Landsern üblich war. Das „Fischleder" aus Finkenwerder fand bei seinen Kameraden kein Interesse.

Mögen die Freunde des Dreugtfisch noch oft zusammensitzen, um diese echte Finkenwerder Spezialität im Kreis fröhlicher Genießer zu verspeisen.

Uwe Fock beim Schollentrocknen.

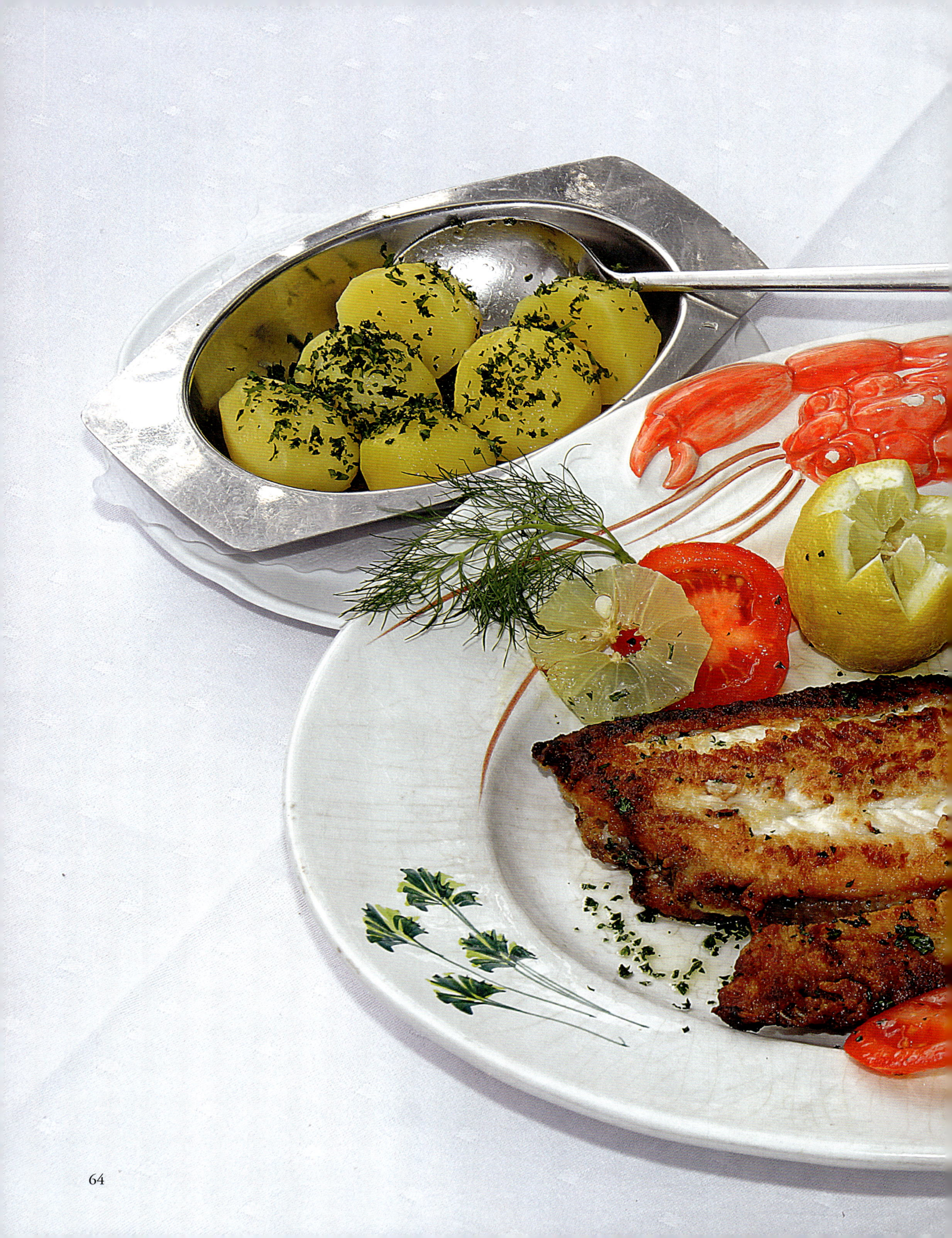

Seezunge gebraten

4 Seezungen
200 g Butter
Salz, Pfeffer
100 g Butter
Petersilie
1 Zitrone

Seezungen zurichten und häuten, mit Salz und Pfeffer würzen und in heißer Butter hell bräunen. Auf vorgewärmte Platte setzen. Zum Bratsatz die restliche Butter geben, auslassen und über die Filets gießen. Mit Petersilie und Zitronenscheiben garniert servieren.

Dazu: Salzkartoffeln.

Stinte

(pro Person 10-15 Stinte)
2 Eier
1 Tasse Buchweizenmehl
Salz
Zitronensaft
Petersilie
reichlich Butter oder Margarine

Die kleinen Fische werden ausgenommen und gesalzen, Kopf und Schwanz nicht abschneiden. Dann wendet man sie in den verquirlten Eiern und anschließend in Buchweizenmehl und backt sie, indem man die Fische mit dem Schwanz nach innen sehr dicht nebeneinander sternförmig in der Pfanne auslegt, in so viel rauchendheißem Fett, dass sie davon bedeckt sind. Wenn die Fische auf der einen Seite braun gebraten sind, kann man sie wie einen Pfannkuchen im Ganzen umwenden.
Vor dem Wenden mit Zitronensaft beträufeln und mit grob gehackter Petersilie bestreuen. Die fertigen Fische werden auf einer vorgewärmten Platte im beheizten Backofen warm gestellt.

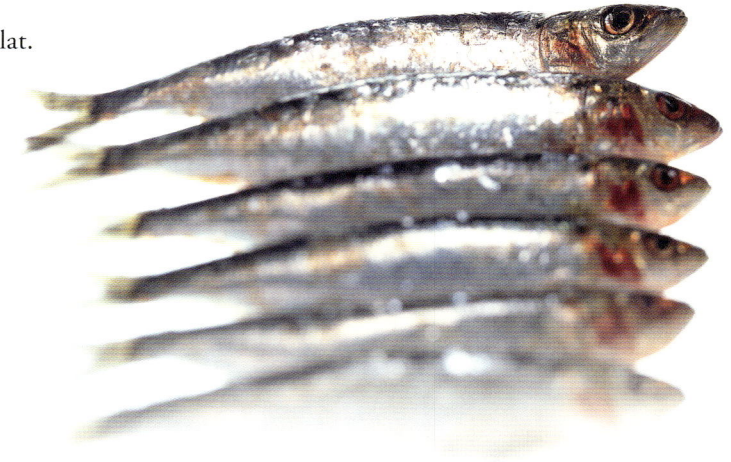

Dazu: Kartoffelsalat.

Gebratener Heilbutt mit Krabbenhaube

4 Scheiben schwarzer Heilbutt
à etwa 200 g
Zitronensaft
1 Dose Maiskörner (etwa 350 g)
1 EL Butter
Salz
Pfeffer aus der Mühle
Paprika edelsüß
2 EL Butter
1 EL gehackte Petersilie
100-125 g Krabbenfleisch
etwas Mehl
1 EL gehackte Petersilie
Zitronen- und Tomatenscheiben

Fisch kurz waschen, mit Küchenkrepp trocken tupfen, mit Zitronensaft beträufeln und zugedeckt 15 Min. stehen lassen. Inzwischen Maiskörner in der Flüssigkeit erhitzen, abtropfen lassen, 1 EL Butter hinzufügen, mit Salz abschmecken und warm stellen. Fisch mit Salz, Pfeffer und Paprika würzen und in erhitzter Butter von beiden Seiten bei mittlerer Hitze goldbraun braten. Mais auf einer vorgewärmten Platte verteilen, mit 1 EL Petersilie bestreuen und Heilbuttscheiben darauf anrichten. Warmstellen. Gut abgetropfte Krabben kurz in Mehl wenden, abklopfen und im Bratenfett durchbraten. Eventuell noch einen Stich Butter hinzufügen. Gehackte Petersilie und Krabben mischen und auf den Fischscheiben verteilen. Nach Belieben mit Zitronen- und Tomatenscheiben garnieren.

Dazu: Röstkartoffeln und knackigen Salat.

Steinbutt gekocht

1-1½ kg Steinbutt im Stück
reichlich Salz

Den ausgenommenen, gut gewaschenen Steinbutt möglichst im Ganzen in einem Fischkessel oder großen Topf kochen. Man legt den Fisch auf den Einsatz oder auf eine Serviette und senkt ihn vorsichtig in kochendes Salzwasser (die Serviettenzipfel werden am Topf befestigt) und lässt ihn 15-20 Min. ziehen.
Beim Anrichten nimmt man den Fisch mit dem Einsatz oder der Serviette heraus, lässt ihn abtropfen und vorsichtig auf eine vorgewärmte Platte gleiten.

Dazu: Salzkartoffeln, geschmolzene Butter und fein gehackte Petersilie oder Sauce Hollandaise, Zitronenscheiben.

Pannfisch
(als Resteverwertung von Kochfisch)

750 g Kartoffeln	Die Kartoffeln mit der Schale kochen, abpellen und in Scheiben schneiden. Butter heiß machen und die Kartoffeln darin unter mehrmaligem Wenden anbraten, dann den Fisch dazugeben (ohne Haut und Gräten) und den in Wasser oder Fischsud verrührten Senf darüber gießen. Alles gut durchrühren und in der geschlossenen Pfanne ca. 10 Min. braten lassen. Mit Salz und evtl. Senf abschmecken und beim Anrichten mit gehackter Petersilie bestreuen.
2 EL Butter oder Margarine	
mindestens 250 g gekochter Fisch (Reste)	
3 TL Senf	
1/4 Liter Wasser oder Fischsud	
Salz	
gehackte Petersilie	

Hamburger Pannfisch
(Pfannenfisch)

400 g in der Schale gekochte Kartoffeln	Kartoffeln pellen, in Scheiben schneiden und in Butter goldgelb braten. Leicht salzen. Den Fisch von Haut und Gräten befreien und zerpflücken. Gewürfelte Zwiebeln in Butter hellgelb braten, den Fisch dazugeben und vorsichtig umwenden. Mit den Kartoffeln vermischen, mit Salz, Pfeffer und etwas Senf würzen und geschlagene Eier mit dem Schnittlauch untermischen. Wie ein Omelett servieren.
150 g Butter	
Salz	
500 g gekochter Seefisch	
2 Zwiebeln (mittelgroß)	
weißer Pfeffer aus der Mühle	
Senf	
6 Eier	
fein geschnittenen Schnittlauch	

Dazu: Kopfsalat oder Gewürzgurken sowie Senfsauce.

Schellfisch gekocht

1-1½ kg Schellfisch am Stück
ca. 2 Liter Wasser
1/4 Liter Essig
3 EL Salz

Den Schellfisch im Stück kaufen, ausnehmen und schuppen lassen, aber Kopf und Schwanz daran lassen. Unter fließendem Wasser abwaschen und auf den Einsatz eines Fischtopfs oder eine große Serviette legen und vorsichtig in das mit den Gewürzen kochende Wasser senken. Der Fisch muss gut mit Wasser bedeckt sein. Wenn das Wasser wieder zu sieden beginnt, Temperatur zurückschalten und den Fisch 15-20 Min. ziehen lassen. Auf einer vorgewärmten Platte anrichten.

Dazu: Salzkartoffeln und Petersilien- oder Krebssauce.

Dorsch und Kabeljau gekocht

Zubereitung wie beim Schellfisch

Dazu: Salz- oder Petersilienkartoffeln und Senf-, Petersilien- oder Travemünder Sauce.

Schollenfilet auf Blattspinat

250 g Schollenfilet
2 EL Zitronensaft
Salz
Pfeffer aus der Mühle
1 Zwiebel
20 g Butter
300 g Blattspinat
Salz, Pfeffer, Muskat
150 g mittelalten Gouda
1 EL Mehl
20 g Butter
1/8 Liter Brühe
2 EL Weißwein
1 Eigelb
1/8 Liter Schlagsahne

Filet (gefroren oder frisch) mit Zitronensaft säuern und dann mit Salz und Pfeffer würzen. Zwiebel würfeln und in Butter andünsten, Blattspinat dazugeben und kurz garen und nochmals würzen und in einem Sieb abtropfen lassen.

Käse reiben. Mehl und Butter anschwitzen, Brühe dazugeben und aufkochen lassen. Sodann den Käse dazugeben und schmelzen lassen und mit Salz, Pfeffer, Muskat und Weißwein abschmecken. Eigelb und Schlagsahne verquirlen und unter die Sauce rühren. Eine Auflaufform ausfetten, den Spinat darin ausbreiten, die Schollenfilets drauflegen und mit der Sauce übergießen.
Den Auflauf im vorgeheizten Ofen bei 200°C auf mittlerer Einschubleiste 12-20 Min. garen.

Dazu: in Butter geschwenkte Kartoffeln.

Helgoländer Rotbarschschnitten

Pro Person 1 dicke Scheibe Rotbarsch.
<u>*Füllung:*</u>
1 Zwiebel
1 Gurke
30 g fetten Speck
1 Tube Tomatenmark
1 Dose Milch
Salz, Zucker
Zitronensaft
geriebener Käse

Den Fisch unter fließendem Wasser säubern. Anschließend mit Zitronensaft beträufeln und salzen. Für die Füllung eine Zwiebel, eine Gurke und 30 g fetten Speck würfeln und alles goldgelb andünsten. Tomatenmark und eine Dose Milch zu einem dicklichen Brei verrühren und mit Salz, Zucker und etwas Zitronensaft abschmecken. Der Brei wird dann unter das Zwiebelgemisch gerührt. Fischscheiben halbieren und die eine Hälfte mit dem Brei bestreichen, die andere Fischhälfte wieder darauf legen und den Rest des Breis oben auf die Filets verteilen. Zum Schluss geriebenen Käse darüber streuen und die Filetscheiben mit Butterflöckchen belegen. Im vorgeheizten Ofen ca. 20 Min. garen.

<u>*Dazu:*</u> Körnig gekochten Reis und frischen Kopfsalat.

Räucheraal mit Sahnemeerrettich

1 kg Räucheraal
1 Stange Meerrettich
(oder 4 TL fertig geriebenen Meerrettich)
1/8 Liter Sahne

Räucheraal in Stücke schneiden. Meerrettich schälen, fein raspeln. Sahne steif schlagen und den geriebenen Meerrettich unterheben.

<u>*Dazu:*</u> Schwarzbrot und Butter.

Seelachsrouladen mit Porree

6-8 dünne Seelachsfilets
Füllung:
1 EL Zitronensaft
1/2 TL Salz
etwas frisch gem. Pfeffer
1 TL geriebener Salbei
1/2 EL mittelscharfer Senf
100 g Porree
1 EL Pflanzenöl
6-8 dünne Scheiben durchwachsener Speck
1 EL Öl
4 EL Fleischbrühe

Die Filets mit Zitronensaft beträufeln, salzen, pfeffern und mit Salbei bestreuen. Die Filets auf einer Seite dünn mit Senf bestreichen. Den Porree putzen und ganz fein schneiden. Das Öl in einer Pfanne erhitzen und den Porree darin dünsten. Auf die Filets verteilen. Danach zu Rouladen aufrollen, jeweils mit einer Speckscheibe umwickeln. Die Enden mit einem Zahnstocher feststecken. In einer entsprechend großen Pfanne das Öl erhitzen. Die Fischrouladen hineinlegen und bei sehr starker Hitze rundherum kurz anbraten. Dann sofort die Hitze reduzieren. Mit der Fleischbrühe aufgießen. Die Rouladen unter mehrmaligem Wenden in 10-12 Min. gar ziehen lassen. Die Flüssigkeit soll vollständig verdunstet sein.

Dazu: passen Lauchgemüse und Petersilienkartoffeln.

Aal in Dill

ca. 1 kg frischer Aal
1/4 Liter Wasser
1/4 Liter trockener Weißwein
1 Lorbeerblatt, 1 Zwiebel
1 Bund Petersilie
Saft und Schale einer Zitrone
1 EL Butter, 1 EL Mehl
1 Ei oder 2 Eigelb
1/8 Liter süßer Rahm
3 Bund frischer Dill
Pfeffer, Salz

Aal waschen, ohne Kopf und Schwanz in ca. 5 cm große Stücke schneiden, mit Zitronensaft beträufeln, in Wasser und Wein mit der Zwiebel, der grob gehackten Petersilie, der Zitronenschale und den Gewürzen 30 Min. sieden, nicht kochen lassen. Die Aalstücke herausnehmen und warm stellen.
Für die Soße eine helle Mehlschwitze machen, mit dem Fischsud glatt rühren, 3 Min. kochen lassen, dabei gut umrühren, reichlich fein gehackten Dill dazugeben, kurz mitkochen und zum Schluss den Rahm hineinrühren. Die heiße Sauce über die Aalstücke gießen und sofort servieren.

Dazu: Pellkartoffeln und Gurkensalat.

Aal grün

750-1000 g küchenfertiger enthäuteter grüner Aal
Zitronensaft
1/2 Liter Wasser
1 Bund Suppengrün
1 große Zwiebel
1/8 Liter Weinessig
5 weiße Pfefferkörner
2 Lorbeerblätter
1/8 Liter Weißwein
1 Bund fein gehackter Dill
30 g Butter, 30 g Weizenmehl
1 Eigelb,
1/8 Liter Sahne
Salz, Pfeffer, Zucker, Weißwein
frische, fein gehackte Kräuter (Petersilie, Kerbel, Estragon, Sauerampfer)

Den Aal waschen, abtrocknen, in Portionsstücke schneiden, mit Zitronensaft beträufeln und etwa 20 Min. stehen lassen. Mit Salz bestreuen und weitere 10 Min. stehen lassen. Das Wasser mit geputztem, gewaschenem Suppengrün, abgezogener, halbierter Zwiebel, Essig und Gewürze zum Kochen bringen. Aal, Weißwein und Dill hinzufügen und gar ziehen lassen. Aalstücke herausnehmen und warm stellen.
Fischsud durch ein Sieb gießen. In dem zerlassenen Fett das Mehl so lange erhitzen, bis es hellgelb ist. Unter Rühren den Fischsud hinzugießen, darauf achten, dass keine Klumpen entstehen. Eigelb und Sahne verschlagen, die Soße damit abziehen, mit Gewürzen und Weißwein abschmecken. Die fein gehackten Kräuter unterrühren. Die Aalstücke in die Soße geben und kurz mit erhitzen.

Dazu: Junge Pellkartoffeln und Gurkensalat dazu reichen.

Hering und Matjes
Der Fisch der „kleinen Leute" hat eine große Geschichte

Der Hering ist ein schlanker, seitlich abgeflachter Seefisch, der eine Länge von etwa 45 cm und ein Gewicht von bis zu zwei Pfund (1 kg) erreichen kann, jedoch meistens kleiner gefangen wird. Sein Hauptverbreitungsgebiet ist der Nordatlantik vom Golf von Biskaya über Spitzbergen bis zur russischen Insel Nowaja Semlja und dann über Island, das südwestliche Grönland bis an die Küste von South Carolina.

Sein hohes Aufkommen in Nord- und Ostsee hat weit über 2500 Jahre dazu geführt, dass der Hering zu einem der beliebtesten Speisefische wurde und die Essgewohnheiten im nördlichen Europa prägte. Auch wenn Cäsar sich etwa 50 Jahre vor Christi im fernen Rom abfällig über unsere Vorfahren äußerte, weil er meinte, die Bewohner des Nordmeeres würden sich vorrangig vom „Clupea harengus", dem gewöhnlichen Hering ernähren, so tat dies der Liebe zum Hering keinen Abbruch. Häme und Spott wären Cäsar sicherlich auch schnell vergangen, wenn er damals bereits geahnt hätte, dass gerade die vom Heringsverzehr groß und stark gewordenen Nordmänner auf ihren schnellen Schiffen später sogar bis ins Mittelmeer vordringen würden, um dort die Küstenbewohner in Angst und Schrecken zu versetzen.

Schon früh verband der Handel mit Heringen die um Nord- und Ostsee lebenden Menschen und führte mit der wachsenden Christianisierung zu einer enormen Nachfrage, weil er zur schmackhaften und preiswerten Fastenspeise wurde. Norwegen erteilte Hamburger Heringsfischern bereits im 11. Jahrhundert erste Handelsprivilegien. Und als sich dann unter der Führung Lübecks der Städtebund der Hanse entwickelte und durch das Lüneburger Salz der Hering haltbar gemacht werden konnte, wurde der Export von Salzheringen ein Riesengeschäft.

Vor allem bei Schonen, zwischen Sund und Kattegat, gab es damals derartig riesige Heringsschwärme, dass mitunter sogar die Schifffahrt behindert wurde. Deshalb hatte sich die Hanse bereits früh das Monopol bei den Schonenheringen gesichert, und die Fangmengen waren so hoch, dass sich in Hamburg eine „Schonenfahrer-Gesellschaft" gründete, deren Mitglieder es zu ansehnlichem Wohlstand brachten. Doch die Hansekoggen lieferten ihre Fässer mit Salzheringen nicht nur in die Hansestädte und zu den Ostseeanrainern, sondern auch nach England, Schottland, Irland, Portugal, Spanien und in viele Mittelmeerländer.

Der Handel mit den in Salz eingelegten Heringen aus Schonen und der Export des heimischen Bieres machten damals Hamburgs Kaufleute reich, denn bis zum Jahr 1500 waren Schonenheringe der viertgrößte Hamburger Exportartikel. Doch dann blieb der Hering aus, er kam nicht mehr nach Schonen. Diese Entwicklung fiel zeitlich zusammen mit der Entdeckung Amerikas, der Umrundung Afrikas und dem Handel mit Indien, sodass Bedeutung und Einfluss der einst so mächtigen Hanse sanken. Der Dreißigjährige Krieg (1618 - 1648) beendete dann die Hanse, die nur noch in Lübeck, Hamburg und Bremen weiterlebte. Nun beherrschten die Portugiesen und Spanier die neuen Seehandelswege, denen Holländer und Engländer folgten.

Nach dem Niedergang der Hanse bekam Hamburgs Heringshandel starke Konkurrenz aus den Niederlanden, England, Schottland und Norwegen, konnte sich aber behaupten. Doch als Napoleon die Kontinentalsperre erzwang, brach der deutsche Heringsexport zusammen und konnte nie wieder die einstige Größe erreichen. Nun übernahm Holland die Führung im europäischen Heringshandel, während die deutschen Heringsfischer vorrangig die heimische Nachfrage bedienten. Dennoch blühte der Heringsfang an den deutschen Küsten und in Nord- und Ostsee wieder auf. In Preußen wurde der Heringshandel sogar massiv von

Wenn der Fischer den Heringsschwarm gefunden hat, bringt jeder Hiev volle Netze.

König Friedrich Wilhelm I. gefördert, um so der armen Bevölkerung den Kauf dieses schmackhaften, gesunden und preiswerten Fisches zu ermöglichen.

Über Jahrtausende zählte der Hering zu den weitverbreitetsten Seefischen in Nordeuropa und galt noch über die 1970er Jahre als der beliebteste Fisch der „kleinen Leute", auch wegen seiner vielseitigen Verwendungsmöglichkeiten in der einfachen Küche.

Der Matjes

Glaubt man Graf Luckner, so entstand der Name des hochgeschätzten Matjes während eines Wettschwimmens zwischen einem deutschen und einem englischen Hering in der Nordsee. Als dabei der deutsche Hering den Engländer überholte, fragte er ihn „Matt?", worauf der englische Hering mit „Yes!" geantwortet haben soll.

Doch der Matjes ist weder eine deutsche noch eine englische Erfindung, sondern kommt aus Holland. Willem Beukelszoon aus dem kleinen Fischerort Biervliet war der erste, der 1380 den Hering zum Ausbluten kehlte und die Eingeweide bis auf die Bauchspeicheldrüse entfernte. Die so erhalten gebliebenen Enzyme führten dann in Verbindung mit Salz zur sanften Reife des in den Monaten Mai bis Juli besonders fetthaltigen zarten Fleisches dieses jungfräulichen Herings. Beukelszoons Erfindung machte sein Heimatstädtchen berühmt und die holländischen Heringsstädte reich.

Wie wichtig Beukelszoons Erfindung war, wird auch dadurch deutlich, dass sein Name im „Bückling" weiterlebt, obwohl dieser gesalzene Hering kein Matjes ist, sondern bei über 60 °C geräuchert wird und dadurch seine markante goldfarbene Haut erhält. Bis vor 100 Jahren gehörte der Bückling sogar zu jedem gehobenen Frühstück.

Nach dem Dreißigjährigen Krieg übernahm die ostfriesische Stadt Emden Erfahrung und Wissen der holländischen Westfriesen und erließ eine erste deutsche Heringsverordnung, die Qualität, Fang und Verarbeitung des Matjes regelte. Der Deutsche Kaiser bestätigte diese Verordnung und seitdem darf man weder den Hering noch den Matjes „vermischen oder verändern", – übrigens bis heute nicht!

Kein anderer Fisch ist in der Küche so vielseitig verwendbar wie der Hering.

Die große Beliebtheit des Matjes kommt durch das zarte Fleisch des jungfräulichen Herings.

Obwohl Deutschlands Küstenländer ihre dominierende Stellung im Heringsfang schon länger verloren haben, so gibt es eine Kleinstadt, die trotz aller Umbrüche immer noch die deutsche Matjes-Hauptstadt ist: Glückstadt an der Elbe.

Jährlich besuchen viele Norddeutsche die „Glückstädter Matjeswochen", auch aus Finkenwerder. Eine schon traditionelle Fahrt veranstaltet der Verein „Landrath Küster", wenn er mit „HF 231" nach Glückstadt fährt, oft auch unter Segeln.

In den 1970er Jahren gingen die Heringsbestände in der Nordsee dramatisch zurück und damit brach auch die deutsche Heringsfischerei endgültig zusammen. Aus dem Fisch der „kleinen und armen Leute", der über Jahrhunderte ein wichtiger und preiswerter Bestandteil der einfachen Küche war, ist heute schon beinahe ein Edelfisch geworden, der sich längst auch einen anspruchsvollen Platz in der gehobenen Küche erobert hat und selbst in noblen Speisekarten hochrangiger Restaurants zu finden ist, oft in reizvollen Zusammenstellungen.

Auch wenn der Hering heute wesentlich teurer geworden ist, so hat dies an seiner Beliebtheit nichts geändert. Und kommt von Mai bis Juli die Matjes-Zeit, so freuen sich nicht nur die Fischesser mit kleinem Portemonnaie, sondern auch die Gourmets und Spitzenköche über Beukelszoons einstige Erfindung.

Matjes Hausfrauenart

8 Matjesfilets
4 Äpfel
2 Zwiebeln
1/4 Liter Sahne
Zucker
1 TL Senf
1 TL Essig

Die Matjesfilets über Nacht in Milch oder Wasser legen, danach in Stücke schneiden und in einen Steintopf schichten. Die Äpfel schälen, entkernen und in kleine Stücke schneiden. In der Zwischenzeit die Sahne mit dem Zucker, Senf und Essig verrühren, Äpfel und Zwiebeln hinzufügen und alles über die Matjes gießen. Im Kühlschrank gut durchkühlen lassen und mit Bauernbrot servieren.

Dazu: Aquavit und Bier.

Matjesfilet in Burgunder

12 Matjesfilets
200 g Zucker
1/4 Liter Burgunder Rotwein
1/4 Liter Weinessig (5%)
250 g Zwiebeln
2 Lorbeerblätter
2 Nelken
10 Pfefferkörner
1 gestrichener TL Senfkörner

Zwiebeln in feine Ringe schneiden und mit Rotwein, Essig, Zucker, Lorbeer, Nelken, Pfeffer- und Senfkörnern im Topf bei geringer Hitze kochen, bis die Zwiebeln weich sind. Marinade erkalten lassen.
Filets und Zwiebeln in ein Gefäß schichten. Mit Sud begießen, bis die Fische bedeckt sind. Mindestens 2 Tage ziehen lassen.

Matjeshappen

400 g Matjesfilets
1/4 Liter Weinessig
100 g Puderzucker
8 Gewürzkörner
8 Pfefferkörner
2 TL Senfkörner
2 Lorbeerblätter
2 große Zwiebeln

Die Matjes werden abgespült und in eine Schüssel gelegt. Den Essig mit Puderzucker aufkochen und in diesen Sud die Gewürze legen. Dann die Zwiebeln in Scheiben schneiden und zu den Matjesfilets legen. Den erkalteten Essigsud über den Fisch gießen und alles zugedeckt 3 Tage im Kühlschrank stehen lassen. Vor dem Anrichten die Filets in Häppchen schneiden.

Dazu: Frisches Schwarzbrot, Aquavit oder kalter Korn

Hummerkrabben natur
(Langoustine naturelle)

800 g Hummerkrabben mit Schale
1 Liter Wasser
250 g Salz

Wasser mit Salz 5 Min. lang kochen. Von den Hummerkrabben Kopf und Darm entfernten, dann in das kochende Wasser geben. Da nun die Wassertemperatur sinkt, das Wasser nochmals zum Kochen bringen. Nach 2 Min. Kochzeit können die Hummerkrabben serviert werden.

Dazu: Baguette und gewürzte Creme fraiche

Hummerkrabben bretonisch
(Langoustine Bretagne)

800 g Hummerkrabben
800 g Schalotten
200 ml Olivenöl
Gewürzmischung aus Salz, Pfeffer, Paprika und Koriander
50 ml Portwein

Hummerkrabben unter fließendem Wasser abspülen. Schalotten in Scheiben schneiden, in Olivenöl anbraten bis sie leicht gebräunt sind, dann mit der Gewürzmischung würzen, mit Portwein abschmecken und warmhalten. Die Hummerkrabben in Längsrichtung bis 1cm vor dem Schwanzende aufschneiden und in einer separaten Pfanne in Olivenöl braten. Wenn die Hummerkrabben gar sind, die leicht gebräunten Schalotten hinzufügen und alles noch etwa 2 Min. braten.

Dazu: Baguette und Kräuterbutter.

Frische Hummerkrabben in Dill

800 g Hummerkrabben
1 kleine Zwiebel
20 g Butter, 1 EL Mehl
2 Tassen Fischfond oder Wasser
Salz, Pfeffer
1/4 Liter süße Sahne
1 Bund Dill

Zwiebel in feine Würfel schneiden, in der Butter farblos anschwitzen, das Mehl hinzugeben und eine helle Mehlschwitze bereiten. Mit dem Fischfond ablöschen und ca. 10 Min. sämig kochen. Mit Salz, Pfeffer würzen, die Sahne unterziehen. Die Sauce passieren, die Hummerkrabben hinzugeben, erwärmen, aber nicht mehr aufkochen. Den Dill hacken und dazugeben.

Dazu: Dampfkartoffeln.

Dwarslöper
(Taschenkrebse)

pro Person 1 Taschenkrebs

In einem großen Topf reichlich Wasser sprudelnd kochen lassen, die Krebse hineinwerfen, 5 Min. im zugedeckten Topf kochen. Danach ca. 15 Min. ziehen lassen, bis sie leuchtend rot sind. Krebse im Wasser erkalten lassen. Panzer und Scheren aufbrechen (man kann das ganze Innere essen), mit Zitronensaft beträufeln, evtl. Kräuterremoulade reichen.

Dazu: heißes Weißbrot.

Miesmuscheln
(pro Person 30 frische Pfahlmuscheln)

1 Stange Porree
3 Wurzeln
1 Petersilienwurzel
2 Lorbeerblätter
3 Zwiebeln
Pfefferkörner
Salz
1/4 Liter Weißwein

Die Muscheln gründlich unter fließendem Wasser abbürsten und darauf achten, dass alle fest verschlossen sind. Das Gemüse putzen und mit den Gewürzen in reichlich Wasser aufkochen. In das kochende Wasser die Muscheln hineinschütten und solange kochen, bis sie sich öffnen (einzelne immer noch geschlossene Muscheln aussortieren und wegwerfen).
Aus der Brühe nehmen, in tiefe Teller füllen, den Weißwein zu der Brühe geben und damit die Muscheln begießen.

Dazu: heißes Meterbrot oder dunkles Brot und Butter.

Rührei-Toast mit Räucherfisch

4 Scheiben Toastbrot, geröstet
8 Eier
200 g Krabben
300 g Schillerlocken
1 EL gehackter Schnittlauch und Dill, Salz, Pfeffer
40 g Butter
4 Salatblätter

Butter in einer Pfanne erhitzen und die Krabben zufügen. Die verquirlten Eier mit Pfeffer und Salz würzen und darüber geben. Mit einem Holzlöffel verrühren, stocken lassen und auf gerösteten Brotscheiben anrichten. Schillerlocken in Streifen schneiden und darauf verteilen.
Mit Salatblättern und gehackten Kräutern servieren.

Büsumer Krabben-Cocktail

1/4 Dose Krabben Salatblätter 1/8 Liter süße Sahne 2 EL Tomatenketchup Saft eines Zitronenviertels 1 Löffelspitze scharfer roter Pfeffer oder Paprika 1 TL Weinbrand nach Belieben Salz 1 TL geriebener Meerrettich 1 Zitrone, Petersilie	Wenn die Krabben abgetropft oder aufgetaut sind, werden sie in Gläsern auf Salatblättern angerichtet. Dann wird die Sahne ohne Zusatz von Zucker geschlagen. Anschließend mischt man Ketchup, Zitronensaft, Pfeffer, Weinbrand, Salz und Meerrettich vorsichtig unter die geschlagene Sahne. Zum Schluss schmeckt man alles pikant ab. Dann gibt man die würzige Soße über die Krabben.

Dazu: getoastete Weißbrotschnitten und Butter.

Tipp: Der Büsumer Krabben-Cocktail sieht besonders appetitlich und lecker aus, wenn er vor dem Servieren mit Oliven und einigen Zitronenscheiben sowie mit fein gehackter Petersilie bunt garniert wird.

Spiegelkarpfen

1 Karpfen (ca. 2 kg) 1 große Kartoffel 1/4 Liter Weinessig 1/2 Liter Wasser 1 Zwiebel 2 Möhren 2 Lorbeerblätter Salz Piment- und weiße Pfefferkörner	Den ausgenommenen Karpfen vorsichtig waschen, dabei nicht die Haut beschädigen. Das Innere des Karpfens mit Salz einreiben, die geschälte Kartoffel in die Öffnung stecken, damit der Karpfen im Topf steht. Essig erhitzen und langsam über den Karpfen gießen, bis sich die Haut schön blau färbt. Zwiebel in Vierteln, Möhren längs halbiert, mit Lorbeerblättern und Gewürzen in das Wasser geben. Etwa 10 Min. kochen lassen. Den Karpfen vorsichtig in den Sud setzen und im geschlossenen Topf ca. 30 Min. gar ziehen lassen. Vorsichtig herausheben, auf vorgewärmte Platte setzen, mit Petersiliensträußchen garnieren.

Dazu: Petersilienkartoffeln, zerlassene Butter und Meerrettichsahne.

Karpfen blau

1 Karpfen ca. 1500 g 1/8 Liter Essig 1 Zwiebel Suppengrün Lorbeerblatt Salz	Den Karpfen ausnehmen und waschen, bitte die Schleimhaut, die den Karpfen umgibt, nicht verletzen. Mit kochendem Essigwasser übergießen. Zwischendurch reichlich Salzwasser (pro Liter 1 Esslöffel Salz) mit Suppengrün und Gewürzen aufkochen, den Karpfen hineinlegen und 20 Minuten ziehen lassen.

Dazu: Salzkartoffeln, geriebenen Meerrettich und Schlagsahne

Finkenwerder Räucheraal

Neben der „Scholle Finkenwerder Art" gibt es eine weitere Fischspezialität, die den Namen der Insel weit über Hamburg und den Elberaum bekannt gemacht hat: Der „Finkenwerder Räucheraal". Die Entstehung dieser besonderen Spezialität verdanken wir jedoch weder einem erfolgreichen Fischer, noch einem erfindungsreichen Gastronomen. Dieser Räucheraal entstand durch aktiv gelebte Nachbarschaftshilfe für eine Familie, die unverschuldet in Not geraten war.

Der auf Finkenwerder lebende Fuhrmann Jacob Steffens hatte sich ein florierendes Fuhrgeschäft am Kanalstack aufgebaut. Immer wenn mit dem Dampfer Waren und Güter aus Hamburg angeliefert wurden, lud er die Kisten und Körbe auf seinen stabilen Rollwagen, setze sich auf den Bock und ließ seine beiden kräftigen Pferde „Bell" und „Tom" anziehen. So lieferte er die Waren auf der Insel aus, nahm im Gegenzug für Hamburg bestimmte Waren an und brachte sie zum Anleger. Da er auf Finkenwerder der einzige Fuhrmann war, blühte sein Geschäft und brachte ihm und seiner Familie einen bescheidenen Wohlstand.

Doch dann brach Ende Juli 1914 der Erste Weltkrieg aus und am 1. August erfolgte die deutsche Kriegserklärung. Drei Tage später betraten ein Veterinärarzt und Mitglieder einer Pferdekommission das Haus von Jacob Steffens und verlangten von ihm, dass er ihnen seine beiden Pferde vorführte. Er nahm sie aus dem Stall, ließ sie vortraben und weil sie gesund und verlässlich waren, wurden sie für den Kriegseinsatz gemustert. Noch am gleichen Tag hatte er sie zu einem Sammelplatz zu bringen und dem Heer zu übergeben. Mit Tränen in den Augen verabschiedete er sich von „Bell" und „Tom", streichelte sie ein letztes Mal und hörte im Weggehen noch mehrmals ihr Wiehern. Er sollte seine beiden Pferde nie wiedersehn.

Dies war jedoch nicht der einzige Schicksalsschlag im Leben der Familie Steffens. Wenige Tage später erhielt Jacob einen Einberufungsbescheid und musste nach Frankreich an die Front. Nun saß seine Frau Lene mit dem Fuhrgeschäft alleine da. Sie erhielt zwar ein Ersatzpferd, doch das kriegsuntaugliche Pferd war viel zu schwach, um einen voll bepackten Rollwagen allein zu ziehen. Lene musste das Fuhrgeschäft aufgeben und verdiente sich durch Schneiderarbeiten etwas Geld, das zusammen mit dem spärlichen Sold jedoch kaum reichte.

Im Juni 1916 begann der britisch-französische Großangriff gegen die deutschen Stellungen an der Somme, der bis November dauerte und keine Entscheidung brachte. In diesem Kampf wurde Jacob Steffens schwer verwundet, beide Beine wurden zerschossen. Als er aus dem Lazarett entlassen wurde, kam er an Krücken humpelnd nach Finkenwerder zurück. Voller Verzweiflung erlebte er, wie sich seine Lene durchkämpfte, sah den leeren Pferdestall und wusste nicht mehr ein noch aus.

Da schenkten ihm benachbarte Fischer einige frisch gefangene Fische, die er ausnahm und räucherte. Auf Finkenwerder gehörte damals zu jedem Haus eine Räuchertonne und obwohl sich Jacob damit wenig auskannte, räucherte er am ersten Tag einige Fische und am zweiten Tag die nächsten. Dabei stellte er fest, dass beide unterschiedlich schmeckten, weil er jeweils andere Holzspäne genommen hatte. Als weitere Fischerleute ihn unterstützten, indem sie ihm Fische brachten, probierte er wiederum verschiedene Spanmischungen aus.

Auf seinen Krücken konnte er sich nur sehr eingeschränkt bewegen und so saß er stundenlang vor seiner Tonne. Er tüftelte, notierte die unterschiedlichen Zusammensetzungen der Späne sowie die Auswirkungen auf den Geschmack und probierte solange, bis er einen Rauch erzeugen konnte, der dem Fisch einen exzellenten und einmaligen Geschmack gab.

Die Nachbarn freuten sich über Jacobs Fortschritte bei den Räucherversuchen, doch sahen sie darin keine Erwerbsmöglichkeit für den Heimkehrer, dessen Existenz ihm durch den Krieg genommen worden war. Nur der Polsterer Jochen Mewes glaubte an den einstigen Fuhrmann und brachte ihm den ersten Aal zum Räuchern. Als er ihn nach wenigen Tagen abholte, war Mewes begeistert. Eine Woche später gab er Jacob den nächsten Aal und als auch dieser wieder vortrefflich schmeckte, sah Jochen Mewes hierin eine berufliche Chance für seinen Nachbarn und machte ordentlich Werbung. Nun brachten ihm auch Fischer frische Aale zum Räuchern, von denen er als Lohn einen Anteil behalten und auf eigene Rechnung verkaufen konnte.

War es zuerst Mitgefühl gewesen, das Nachbarn und Freunde veranlasste, Jacob Steffens Fische und Aale zum Räuchern zu bringen, so wurden sie nun durch den guten Rauchgeschmack belohnt. Ihr Lob trugen sie weiter und immer mehr Aale wurden angeliefert. Längst räucherte er nicht mehr in einer Tonne, sondern hatte sich im Stall Räucheröfen gebaut, sodass er die ständig wachsende Zahl von angelieferten Aalen bewältigen konnte. Seine Frau Lene gab das Schneidern ganz auf, um ihren Mann zu unterstützen. Sie schlachtete die frischen Aale und steckte sie auf Spieße, damit Jacob sie in den Ofen hängen konnte. Mit seinen Krücken stand er jetzt am Räucherofen, mischte seine Späne und passte auf, dass die Aale genau zum richtigen Zeitpunkt aus dem Ofen kamen, gerade dann, wenn sie gut glänzten und die richtige Farbe hatten.

Steffens Aale wurden immer besser, sein besonderes Rauchverfahren wurde bekannt und der gute Ruf seiner Räucheraale drang schnell bis Hamburg vor. Jetzt bestellten Fischhändler feste Mengen und wohlhabende Hamburger schickten sogar ihre Dienstmädchen mit dem Dampfer auf die Elbinsel, um dort die guten Aale zu kaufen. Den Fischern, die ihm einst die ersten Fische geschenkt hatten, garantierte er die gesamte Abnahme ihrer Aale zu fairen Preisen, doch dies reichte bald nicht mehr. Er musste Aale auch außerhalb von Finkenwerder zukaufen. Das Geschäft wuchs stetig und Jacob legte mit seiner Aalräucherei am Kanalstack den Grundstein für eine der beliebtesten Fischdelikatessen an der Elbe – den „Finkenwerder Räucheraal".

Doch bei allem unerwarteten Erfolg vergaß Jacob Steffens niemals, dass es seine Nachbarn und Freunde gewesen waren, die ihm geholfen hatten, als er voller Verzweiflung und Zukunftsängsten mit zwei zerschossenen Beinen aus dem Krieg gekommen war.

Snuten un Poten
[Hamburger Gericht]

Musik: M. Scott
Deutscher Text: L Wolf
Arr.: Peter Schuldt
för "Liedertafel Harmonie v. 1865"

♩ = 100

1. In Hamborg is doch wie bekannt, dat Eten wunner scheun, so manche Spezialität kriegt man bi uns to sehn, uns Rookflesch, Knackwust, Butt und Stint, dat is´-n Hochgenuss, veel scheuner noch as Sekt, de ganze Krimskrom schmeckt, wer sick so-wat bestellt, de kriegt wat för sien Gild. So´n Putt vull Snuten un Poten dat is ´n fein Gericht Arven un Bohn, wat scheun´res gifft dat nich. Jo, Spickool un Klüten un denn ´n Köm dorto. O, Junge, Junge wat ´n Eten lang man düchtig to! O Junge, Junge wat ´n eten lang man düchtig to.

2. wie uns mol verheirod´n dot, denn froogt wi nich no Gild, de Hauptsoch is, wenn stramm de Diern, dat is wat uns gefällt. Un wenn sie mir mal sagen tut: "Mein Schatz ich liebe dich!" Denn segg ick: "Seute Diern, heff di von Hatten giern, mien Pummel, Zuckerschnut, kook mi man gau ´n Putt.

3. ick mol in den Himmel kom, denn seck ick: "Bitte sehr, ach lieber Petrus, lang mich mol die Speisekarte her." Un passt mi dann dat Eten nich, go ick to Konkurrenz. Den Dübels Swiegermudder, de kookt uns denn von Bodder, to´n letzten Mol, wat scheun, kriegt wü dat noch to seh´n.

2. Wenn
3. Wenn

Fleischgerichte

Snuten un Poten
(Schnauzen und Füße/Pfoten)

1 kg gepökeltes Schweinefleisch
500 g Erbsen
1 Liter Wasser
1 Bund Suppengrün
500 g frisches Sauerkraut
50 g Schmalz
einige Wachholderbeeren
1 Lorbeerblatt
2 Zwiebeln
1 großer Apfel
125 g frische Ananas
1 Glas Weißwein
1 TL Zucker
Butter, Salz, Pfeffer

Erbsen in Wasser legen, über Nacht einweichen und dann mit dem Einweichwasser 1½ Std. bei milder Hitze kochen. Suppengrün waschen, klein schneiden, hinzugeben und 30 Min. weiterköcheln lassen, dann mit Handrührgerät pürieren oder durch ein Sieb streichen. Das Fleisch waschen und mit 1/2 Liter Wasser 45 Min. vorkochen. In der Zwischenzeit Zwiebeln häuten und kleinschneiden, den Apfel schälen, entkernen und in Achtel schneiden, dann mit Sauerkraut und Gewürzen vermischen und locker um das Fleisch legen, weitere 45 Min. kochen. Dann Fleisch herausnehmen und warm stellen, Ananas in Würfel schneiden und unter das Sauerkraut rühren, mit Zucker abschmecken, Wein dazugeben und nochmals aufkochen, mit Salz und Pfeffer abschmecken. Das Erbsenpüree noch einmal erhitzen, mit gebräunter Butter begießen und alles zusammen servieren.

<u>Dazu:</u> scharfer Senf, Köm und Bier.

Das eingängige Lied und die beliebte Hymne auf die volkstümliche Hamburger Küche entstanden 1912 durch die Gebrüder Wolf, deren Erkennungsmelodie es wurde. Die Söhne eines jüdischen Schlachters aus der Hamburger Neustadt schufen viele Gassenhauer, wie auch „An de Eck steiht ‚n Jung mit ‚n Tüdelband", die sie in ihrem Theater am Spielbudenplatz und auf Tourneen mit Erfolg vortrugen. Zur Nazizeit mussten die Gebrüder Wolf ihre geliebte Heimatstadt verlassen und nun sangen sie ihre Lieder und Couplets in Shanghai, Hongkong und später in New York, während ihre Autorenschaft in Hamburg verschwiegen wurde.

Altländer Rippenbraten

1,5 kg leicht gepökelte Schmorrippe vom Schwein
125 g Backpflaumen
125 ml Rotwein oder Lindenblütentee
3 Äpfel (Boskop oder Cox Orange)
1 unbehandelte Zitrone
125 g Semmelbrösel
Salz, Pfeffer
Butterschmalz zum Braten
500 ml Brühe
1-2 EL Stärkemehl

Entlang der Rippen eine große Tasche vom Schlachter ins Fleisch schneiden lassen. Die Backpflaumen in Rotwein oder Lindenblütentee einweichen, dann vierteln. Die Äpfel schälen und achteln, Kerngehäuse ausschneiden. Äpfel, Pflaumen, Schale und Saft von der Zitrone und Semmelbrösel mischen und in die Tasche füllen. Tasche mit Küchengarn zunähen und die Hautseite über Kreuz einschneiden. Das Fleisch in einem Bräter rundherum in Butterschmalz anbraten, mit der Brühe ablöschen und zudecken. Im vorgeheizten Backofen bei 200 bis 220 °C (Gasherd: Stufe 4) mit den Knochen nach unten 90 Min. braten. Dann den Deckel abheben und 30 Min. offen braten. Fleisch herausnehmen, Bratensatz mit der restlichen Brühe loskochen, Sauce entfetten und mit dem Stärkemehl binden. Anschließend den Braten in Scheiben schneiden.

Dazu: Kartoffelklöße und Salat.

Gefüllte dicke Rippe

ca. 1 kg dicke Rippe
1 großer Apfel
5 Trockenpflaumen
2 TL Thymian
Salz, Pfeffer

In das Rippenstück eine tiefe Tasche schneiden, innen und außen salzen und pfeffern, den Apfel in große Stücke schneiden und mit den Pflaumen und dem Thymian in die Tasche stecken. Mit einer Rouladennadel verschließen. Von beiden Seiten gut anbraten, mit Wasser ablöschen und ca. 2 Std. schmoren. Mit Mehl oder Mondamin andicken.

Gefülltes Schweinekotelett

1 Stück Schweinekotelett von ca. 1000 g
Salz
100 g Schmelzkäse (Sahne)
100 g Edelpilzkäse (Schimmelkäse)
weißer Pfeffer
1/4 Liter Fleischbrühe
8 EL Portwein

Kotelettstück vom Schlachter bis zum Knochen in Scheiben schneiden lassen und leicht salzen. Käse miteinander mischen. Als Füllung zwischen die Fleischscheiben geben. Mit etwas Pfeffer bestäuben.
Den Braten in eine feuerfeste Form geben und in den vorgeheizten Backofen auf die mittlere Schiene stellen. 120 Min. bei 175 °C braten. Nach 20 Min. die Fleischbrühe und den Portwein angießen. Während der restlichen Bratzeit gelegentlich mit Brühe übergießen. Soße eventuell andicken und mit Sahne abschmecken.

Dazu: Kartoffeln oder Kartoffelklöße.

Sauerbraten nach Hamburger Art

1 kg Querrippe oder Spitzbrust
1/2 Liter Wasser
1/4 Liter Essig
2 Lorbeerblätter
Pfefferkörner
50 g Butter oder Margarine
3 Wurzeln
3 Zwiebeln
1 Scheibe Schwarzbrot oder
2 Scheiben Honigkuchen
Salz

Das Fleisch wird mindestens 24 Std. mit Lorbeerblättern und Pfefferkörnern in den mit Wasser und etwas Salz vermischten Essig gelegt und gelegentlich gewendet. Dann legt man das Fleisch in eine Schmorpfanne, übergießt es mit heißer Butter und lässt es mit den fein gehackten Wurzeln, Zwiebeln, einem Schuss Essig und dem zerbröselten Schwarzbrot oder Honigkuchen ca. ½ -1 Std. schmoren, währenddessen gelegentlich mit Wasser oder Brühe begießen. Den Braten herausnehmen, warm stellen und die Sauce durch ein Sieb rühren. Sie ist durch das Gemüse und aufgeweichte Brot gebunden, evtl. etwas einkochen lassen. Nach Geschmack einige Rosinen dazugeben.

Dazu: Fett- oder Kartoffelklöße und Backobstkompott.

Finkenwerder Klüten un Fleesch
(Klöße und Fleisch)

Fleesch:
1 gepökeltes Eisbein oder
1 kg gepökelte Rinderbrust
1 kleine Steckrübe
4 Birnen
4 Kochwürste

Klüten:
1,5 kg Kartoffeln
500 g Mehl
Salz

Das gepökelte Eisbein oder die gepökelte Rinderbrust 2½ Std. in einem großen Topf kochen, dann 1 kleine Steckrübe in Stücke schneiden und hinzugeben. Es folgen 4 Birnen und zuletzt 4 Kochwürste. Alles gut gar kochen.
Für die Klüten 1,5 kg Kartoffeln kochen. Wenn sie vom Vortag sind, nur leicht erhitzen. 500 g Mehl und Salz hinzugeben und alles gut miteinander verkneten, bis ein guter Teig entsteht. Dann die Klüten im Salzwasser kochen.

Dazu: Salzkartoffeln.

Rumpsteak

4 Scheiben Fleisch aus einer Kalbskeule oder aus Rippen- oder Nierenstück
Zwiebeln
Pfeffer, Salz

Fleisch vom Schlachter in fingerdicke Scheiben schneiden lassen und vorher alle Knochen und Sehnen entfernen lassen. Steaks rundlich breitschlagen, mit Pfeffer und Salz einreiben und 1/2 Std. einziehen lassen. In einer heißen Pfanne mit Butter auf beiden Seiten in wenigen Minuten braun braten. Geröstete Zwiebeln hinzugeben.

Dazu: Kartoffeln und Bratensoße

Englisches Roastbeef

1 kg Roastbeef, mit Fett und Knochen im Stück (auch Zwischenrippenstück, Rostbraten oder Beiried genannt)
Salz, Pfeffer
6 EL Öl
250 ml kochendes Wasser
2 Zwiebeln
375 ml heiße Fleischbrühe
1 EL Speisestärke
125 ml saure Sahne

Den Ofen auf 220°C vorheizen. Die Fettschicht vom Roastbeef netzförmig einschneiden und von allen Seiten mit Salz und Pfeffer einreiben. Den Bratenrost einölen und das Fleisch mit der Fettschicht nach oben auflegen. Über der Fettpfanne in der 2. Einschubleiste von unten in den Ofen schieben. Nach einer Viertelstunde die Temperatur auf 150°C schalten und 250 ml kochendes Wasser in die Fettpfanne gießen. Die halbierten, ungeschälten Zwiebeln dazugeben. Den Braten nach einer Stunde herausnehmen und warm stellen. Bratensatz mit der Brühe loskochen, entfetten, mit Stärke und saurer Sahne binden und mit Salz und Pfeffer abschmecken.

Tipp: Die Engländer und Schotten essen die Sauce ungebunden und als Beilage Yorkshirepudding. Kaltes Roastbeef schmeckt auch mit Remouladensauce.

Hamburger Roastbeef

1 kg Roastbeef (Lende)
englischer Senf
Worcestersauce
Salz, Pfeffer

Backofen ca. 15 Min. bei stärkster Hitze vorheizen. Das Fleisch mit Senf und Worcestersauce einreiben, salzen und pfeffern und in eine flache Bratpfanne oder auf den Rost legen. Ca. 20 Min. bei starker Hitze in der Mitte des Backofens braten, dann auf mittlere Temperatur herunterschalten. Ab dann blutig oder rosig gebratenes Fleisch 40 Min., mittel 50 Min. und gut durchgebratenes Fleisch 60 Min. weiter braten lassen.

Dazu: Traditionsgemäß wird Roastbeef mit dem eigenen Bratensaft und Meerrettichsauce serviert. Hinzu kommen Zuckerkartoffeln oder ungezuckerte kleine Bratkartoffeln.

Lüneburger Heidschnuckenkeule

800 g Heidschnuckenkeule, ohne Knochen
Salz, Pfeffer
1 Knoblauchzehe
1 TL Senf
250 g Roggenbrotteig (vom Bäcker)
1 Eigelb
<u>*Für die Rotweinsauce:*</u>
250 g Lammknochen, gehackt
2 EL Öl
250 g Gemüse (Karotten, Zwiebeln, Sellerie, Petersilienwurzel)
1 EL Tomatenmark
1 Glas Rotwein
1 EL Wacholderbeeren, zerdrückt
1 TL Pfefferkörner, geschrotet
1 Lorbeerblatt
Salz, Pfeffer
2 EL Butterflocken
Essig nach Geschmack

Das Fleisch salzen und pfeffern. Die Knoblauchzehe pressen, mit dem Senf verrühren und das Fleisch damit bestreichen. Den Teig ausrollen, das Fleisch darin einwickeln, an den Nahtstellen mit Wasser oder Eigelb bestreichen und zusammenkleben. Das Fleisch auf ein Blech mit Backpapier setzen und bei 220°C ca. 10 Min. anbacken. Bei 180°C 15 Min. weitergaren, dann nochmals 15 Min. im ausgeschalteten Ofen ruhen lassen.

Für die Sauce die Knochen in Öl anrösten, dann das geputzte und klein geschnittene Gemüse mitbräunen, das Tomatenmark darin karamellisieren und mit Rotwein ablöschen. Einkochen lassen, mit 1 Liter Wasser auffüllen und 1 Std. kochen. Die Gewürze dazugeben, alles nach 10 Min. abseihen und die Sauce auf 3/8 Liter einkochen. Mit Salz und Pfeffer abschmecken, mit den Butterflocken binden und eventuell etwas Essig dazugeben.

<u>*Dazu:*</u> grüne Bohnen und Rahmkartoffeln.

<u>*Tipp:*</u> Statt Heidschnuckenfleisch eignet sich auch Lammfleisch. Nur fehlt dann der typische wildähnliche Geschmack.

Die Heidschnucke ist das Wappentier der Lüneburger Heide und der wichtigste Landschaftspfleger. Das besondere Fleisch schmeckt nach Wild.

Foto: AxelHH, Wikipedia.org

Schmorbraten mit Rotwein-Birnen

1 kg Schmorbraten
1 Scheibe Speck
2 EL Öl
3 Zwiebeln
1 Möhre
1 Stück Sellerie
1/4 TL Basilikum
Salz
1/2 Liter Rotwein
4 reife Birnen
Zucker nach Geschmack

Rotwein aufkochen, vom Herd nehmen, geschälte halbierte Birnen hineinlegen, 1 Std. ziehen lassen.

Fleisch in Fett bräunen, würzen, Gemüse dazugeben, kurz durchdünsten, mit Wasser angießen, bei mäßiger Hitze 1½ Std. schmoren, 1/8 Liter Birnen-Rotwein dazugeben, Sauce binden. Rotwein-Birnen dazu anrichten.

<u>*Dazu:*</u> Kartoffeln oder Kartoffelklöße, Salat.

Rotweintopf

150 g geräucherter Speck
je 350 g Rind- und Schweinefleisch
400 g Zwiebeln
1 Lorbeerblatt
2 Nelken
250 g Tomaten (Dose)
500 g Brechbohnen (Dose)
2 Möhren
1/2 Liter Rotwein
2 Kohlwürste
Petersilie

Gewürfelten Speck glasig ausbraten, gewürfeltes Fleisch dazugeben und anbraten. Zwiebeln hacken (eine zurücklassen) und zugeben, goldgelb werden lassen. Restliche Zwiebel mit Lorbeerblatt und Nelken spicken und hinzugeben. Kleingeschnittene Tomaten, Möhren sowie die Bohnen dazugeben. Mit Salz, Pfeffer, Paprika und Cayennepfeffer pikant abschmecken. Rotwein (oder auch Brühe) zugießen und 70 Min. garen. 10 Min. vor Ende der Garzeit Würste in den Topf geben. Vor dem Servieren gespickte Zwiebel herausnehmen und den Rotweintopf mit Petersilie bestreuen.

Tipp: Eignet sich mit Brot und Baguette auch gut als Partyimbiss.

Norddeutscher Hackfleischtopf

2 große Zwiebeln
1 EL Öl
1 EL Butter
500 g gehacktes Rindfleisch
1 Stange Lauch
5 EL Tomatenpüree
1/4 Liter Bouillon
1 EL Senf
1 TL milder Paprika
1 TL Salz
1/4 Liter saure Sahne

Die gehackten Zwiebeln kurz in Öl und Butter in einem Brattopf dünsten. Dann die Hitze erhöhen, das Hackfleisch in den Topf geben und mit einer großen Holzgabel rühren, bis das Fleisch leicht braun ist. Bei schwacher Hitze den geputzten, in Streifen geschnittenen Lauch, Tomatenpüree, Bouillon, Senf und Gewürze nach Geschmack zugeben. Etwa 15 Min. bei schwacher Hitze dünsten, häufig umrühren. Die saure Sahne kurz vor dem Servieren darüber gießen.

Zwiebel Hackfleischtopf

300 g Hackfleisch
5 große Zwiebeln
3 EL Öl
5 Kartoffeln
3 Möhren
1 Liter Fleischbrühe
1 kleine Dose Erbsen
1 TL Salz
1/2 TL frisch gemahlener Pfeffer
1/2 TL Paprikapulver edelsüß
1 Messerspitze Oregano
1 EL Tomatenmark
2 EL Crème fraîche
1 EL gehackte Petersilie

Zwiebeln in Ringe schneiden. Das Öl erhitzen, die Zwiebeln darin glasig dünsten. Das Hackfleisch dazugeben und unter Rühren mitdünsten. Die Kartoffeln und Möhren waschen und schälen, dann in Würfel schneiden und zum Hackfleisch geben. Die Fleischbrühe zugießen und alles zugedeckt 20-25 Min. schmoren lassen. Die Erbsen abtropfen lassen und 5 Min. vor Ende der Garzeit dazugeben. Mit Salz, Pfeffer, Paprika und Oregano würzen und mit Tomatenmark abschmecken. Mit einem Klecks Crème fraîche garnieren und mit Petersilie bestreuen.

Kurts Kesselgulasch

750 g Rindfleisch
60 g Fett
200g Zwiebeln
10 g Knoblauch
20 g Paprika
2 g Kümmel, 1 g Majoran
20 g Salz
500 g Kartoffeln
150 g Tomaten
500 g Weißkohl
60 g Mehl
1 Ei
Für die gezupften Nockerl:
2 Eier
240 g Weizenmehl
80 Milliliter Wasser
12 g Schmalz oder Butter

Das Fleisch in kleine Würfel schneiden, gründlich waschen und in eine Kasserolle legen. Fett, feingehackte Zwiebeln, Knoblauch, Paprika, Kümmel, Majoran beigeben, salzen, gründlich verrühren, wenig Wasser zugießen und das Ganze zugedeckt dünsten. Während des Dünstens öfter umrühren. Um Anbrennen zu verhindern, Wasser hinzugeben. Wenn das Fleisch weich wird, die in Streifen geschnittenen Paprikaschoten, Tomaten und die rohen Kartoffelwürfel beigeben. Wasser zugießen, damit Fleisch und Gemüse bedeckt sind und dann alles weichkochen.

Zubereitung der gezupften Nockerl (kleine Klöße): Mehl und Eier mit einer Prise Salz zu einem festen Teig verkneten. Diesen auf einem bemehlten Brett etwa 2 mm dünn ausrollen und mit bemehlter Hand in unregelmäßige Teigstücke von der Größe des kleinen Fingernagels zupfen.

Dann die gezupften Nockerl in das kochende Gulasch geben. Nachdem sie kurz gekocht haben das Kesselgulasch servieren.

Dazu: Obstschnaps oder den ungarischen Marillenbrand Barack.

Königsberger Klopse

250 g Schweinehack, 250 g Rinderhack
2 Brötchen
1 Ei
Salz, Pfeffer, Petersilie
Schale einer ungespritzten Zitrone
1 EL Butter
2 gehackte Zwiebeln
Für den Sud:
4 Markknochen
1 Bouillonwürfel
1 Zwiebel, Salz, Pfeffer
3 Gewürzkörner, 1 Lorbeerblatt
Für die Soße:
3 EL Butter, 2 EL Mehl
60 g Kapern
Zitronensaft
1/8 Liter saure Sahne
3/8 Liter süße Sahne
1 Glas Weißwein
2 Eigelb
1 Prise Zucker, Salz, Pfeffer

Das Hack mit den eingeweichten und ausgedrückten Brötchen, Ei, Salz, Pfeffer, der klein gehackten Petersilie, etwas Zitronenschale und in der Butter glasig gebratenen Zwiebeln herzhaft abschmecken und mit nassen Händen kneten, bis eine geschmeidige Masse entsteht. Aus dem Teig formt man Kugeln (die im Sud gegart werden). Aus 1 Liter Wasser mit Markknochen, dem Bouillonwürfel, einer Zwiebel, Salz und den Gewürzen einen herzhaften Sud kochen. Anschließend durchsieben und etwas weiterkochen lassen. Die Klopse in den leicht kochenden Sud legen und in etwa 10 Min. garen, danach herausnehmen.

Aus Butter und Mehl eine helle Schwitze bereiten und mit 3/8 Liter Klopssud ablöschen. Dann die Kapern mit der Flüssigkeit hinein geben. Mit Zitronensaft, Sahne, Weißwein, Zucker, Pfeffer und Salz süßsauer abschmecken. Die Soße mit dem Eigelb legieren.

Zum Schluss legt man die Klopse hinein und lässt sie noch etwa 10 Min. in der Soße langsam durchziehen, aber nicht durchkochen.

Dazu: Salzkartoffeln und Salat aus Roter Bete.

Labskaus

500-625 g gepökeltes Rindfleisch
1/2 kleines Lorbeerblatt
1 Nelke, 3 Pfefferkörner
1/2 Liter kochendes Wasser
50-100 g Rote Bete (aus dem Glas)
1 Matjesfilet
1-2 Gewürzgurken
75 g Schweineschmalz
375 g abgezogene Zwiebeln
750 g gekochte Kartoffeln (heiß durchgepresst)
5-10 EL Flüssigkeit der eingelegten Gurken
Salz
Nach Belieben: 1/2 fein gehackte Knoblauchzehe

Das Fleisch mit den Gewürzen in kochendes Wasser geben, zum Kochen bringen und bei schwacher Hitze 1¾ Std gar kochen lassen. Fleisch herausnehmen, mit abgetropften Roten Beten, Matjesfilet, Zwiebeln und Gewürzgurken durch den Fleischwolf drehen. Schweineschmalz zerlassen und die Masse darin 5 Min. goldgelb dünsten. Die Fleischbrühe zu der Masse geben und gut durchkochen lassen, Kartoffelbrei unterrühren, mit Salz und eventuell Knoblauch abschmecken.
Labskaus nach Belieben mit Spiegeleiern, Rote Bete-Scheiben, Gewürzgurken und Rollmops anrichten.

Dazu: Kalter Köm oder Korn

Rindfleischwürfel mit Gurken und Dillrahm

Rindfleisch, gern auch Reste
Für die Sauce:
50 g Butter
100 g Mehl
1/2 Liter Rinderbrühe
1 Salatgurke
50 g frischen Dill
100 g Crème fraîche
etwas Weißwein
Salz, Pfeffer, Zucker und Bindemittel

Butter und Mehl verkneten und dann in der Brühe leicht binden. Die Salatgurke aufschneiden, die Kerne entfernen und in Stücke schneiden. Die Gurkenstücke mit etwas Butter anschwitzen und mit Weißwein ablöschen. Nun die Gurkenstücke mit Dill, Crème fraîche und der angebundenen weißen Sauce vermischen. Mit Salz, Pfeffer abschmecken und die Fleischwürfel hineinlegen.

Dazu: festkochende Kartoffeln.

Gefüllter Blumenkohl mit Käsehaube

1 Blumenkohl
375 g Hackfleisch
1 Ei
3 EL Semmelmehl
2 EL gehackte Kräuter
1 TL Rosenpaprika
1 ger. Zwiebel
Salz
Käsesoße:
1/3 Liter Milch
30 g Margarine
35 g Mehl
2 Ecken Schmelzkäse

Blumenkohl putzen, in Salzwasser 10 Min. garen, abtropfen lassen. Inzwischen Hack, Ei, Semmelmehl, Kräuter, Paprika, Zwiebeln und Salz gut vermengen. Damit den Blumenkohl von der Unterseite her füllen. Blumenkohl mit den Röschen nach oben in eine flache gefettete Auflaufform setzen. Im vorgeheizten Backofen bei 200°C ca. 20 Min. garen.
Margarine in einem Topf erhitzen. Mehl darin hell anschwitzen, mit der Milch und 1/4 Liter Blumenkohlwasser ablöschen. Käse darin auflösen, mit Salz abschmecken. Damit den Blumenkohl überziehen. Nochmals 20 Min. backen.

Fleisch-Käse-Strudel

400 g Rinderhackfleisch
1 Pck. tiefgefrorener Blätterteig (300 g)
1 Zwiebel
200 g grüne Paprikaschoten
3 EL Öl
2 EL Tomatenketchup
1 gestrichener TL Salz
1/2 gestrichener TL Pfeffer
125 g Chester-Schmelzkäsescheiben
1 Eigelb zum Bestreichen

Blätterteig auftauen lassen, zu einem Rechteck von etwa 40 x 45 cm ausrollen. Zwiebeln fein hacken, mit den entkernten und gehackten Paprikaschoten 10 Min. in heißem Öl dünsten. Hackfleisch mit Ketchup, Salz und Pfeffer abschmecken. Zwiebeln und Paprika abgekühlt dazugeben, die Masse vorsichtig durchmischen und den Teig damit bestreichen. Käse fein würfeln und aufstreuen, die Teigränder dabei freilassen. Von der Schmalseite her aufrollen, die Enden gut andrücken. Die Rolle mit verquirltem Eigelb bestreichen, auf dem mit kaltem Wasser abgespülten Backblech 10 Min. bei 220° C backen, dann auf 175°C zurückschalten und den Strudel in 25 Min. fertig backen. Herausnehmen, 5 Min. stehen lassen, dann in Scheiben schneiden und heiß servieren.

Würstchen-Bohnen-Pfanne

50 g Schinken
400 g Würstchen
2 Zwiebeln
1 Glas dicke Bohnen (660 g)
1 Knoblauchzehe
1/2 Pck. Petersilie
1/2 Pck. Schnittlauch
Salz, Pfeffer
1 EL Öl

Schinken in Streifen schneiden und in dem Öl ausbraten, herausnehmen. Würstchen in Scheiben schneiden. Zwiebeln und Knoblauch klein schneiden. Würstchenscheiben in dem Speckfett anbraten. Zwiebeln, Knoblauch und die abgetropften Bohnen hinzufügen und kurz mit erhitzen. Speck dazugeben und ca. 5 Min. durchziehen lassen. Mit Salz und Pfeffer würzen. Petersilie und Schnittlauch überstreuen.

Dazu: Kartoffeln oder deftiges Mischbrot.

Würstchen mit Kartoffelsalat

für 4 Personen ca. 12 Würstchen
1 kg Kartoffeln
100 g Speck, durchwachsen, geräuchert
2 Zwiebeln
3 EL Öl
3 EL Essig
250 ml Brühe
Salz, Pfeffer, Zucker

Kartoffeln waschen und in Salzwasser gar kochen. Heiß pellen und etwas abkühlen lassen. Dann in Scheiben schneiden oder würfeln. Speck und Zwiebeln würfeln, mit dem Öl leicht anbräunen, mit Essig und Brühe ablöschen, aufkochen und über die warmen Kartoffeln gießen. Mit Salz, Pfeffer und Zucker abschmecken und bis zum Servieren warm stellen.
Würstchen in Wasser erhitzen.

Tipps: Wer es deftig mag, verfeinert den Salat mit gehackten Eiern, Sardellenfilets und saurer Sahne. Wer es magerer mag, lässt den Salat auskühlen und verlängert mit Joghurt und geschnitzelter Gurke.
Mehr Farbe kommt ins Spiel, wenn man Tomaten, rote Paprika, Lauch und viele frische Kräuter und Schinkenstreifen hinzugibt.

Geflügelgerichte

Vierländer Ente

1 Ente
1½ kg Äpfel
1 EL Butter, 1 TL Zucker
1 Messerspitze Kardamom
100 g geriebenes Weißbrot
100 g Rosinen
60 g Butter
1 TL ger. Majoran
Salz, Pfeffer
1/4 Liter Sauerrahm
1/4 Liter Brühe

Die Äpfel werden geschält und klein geschnitten, dann dünstet man sie mit Butter, Weißwein, Zucker und Kardamom weich, gibt Weißbrot und Rosinen dazu und füllt damit die gewaschene, mit Majoran, Salz und Pfeffer eingeriebene Ente und näht sie zu. In heißer Butter ca. 1-1½ Std. braten und häufig mit Brühe begießen. Die Sauce entfetten und mit saurer Sahne legieren.

Füllung: geschälte Äpfel, Weißbrot, Rosinen und Kardamom. Statt der Rosinen kann man auch 200 g fein gehackten gekochten Schinken nehmen.

Dazu: kleine Röstkartoffeln und Rotkohl oder geschmorte Äpfel.

Putenbrust in pikanter Soße

1,5 kg Putenbrust
Fett zum Anbraten
Salz und Pfeffer
4 mittlere Zwiebeln
1 Dose Champignons (ganze)
4 Becher Crème fraîche
1½ Becher Schlagsahne
Dill (1 Bund), Rosenpaprika

Putenbrust würfeln, mit den klein geschnittenen Zwiebeln, Salz und Pfeffer anbraten. Dann Crème fraîche und die Schlagsahne dazugeben. Mit Paprika würzen. Auf kleiner Flamme köcheln lassen. 20 Min. vor Ende der Garzeit die halbierten Champignons dazugeben. Zum Schluss den fein gehackten Dill unterrühren. Vielleicht noch etwas Schlagsahne dazugeben und noch einmal abschmecken. Kochzeit ca. 1½ Std.

Dazu: Reis und Salat der Saison.

Weihnachtsgans

1 Gans (mindestens 3 kg)
500 g Äpfel (z.B. Boskop)
1 Stängel Beifuss
1 Bund Suppengrün
etwas Majoran
Salz, Pfeffer

Die Gans sorgfältig waschen, abtrocknen und von innen salzen. Mit geschälten, entkernten und geviertelten Äpfeln füllen, Beifuss zugeben und zunähen. Die Gans mit der Brust nach unten auf einen Bratrost legen. Eine Fettpfanne in den Ofen geben und den Bratrost auf der untersten Schiene bei 200 bis 220°C (Gasherd: Stufe 3-4) in den vorgeheizten Backofen schieben. Häufig mit einer Bratnadel unter den Flügeln und den Keulen die Haut, nicht das Fleisch, anstechen und die Gans mit kochendem Wasser begießen, damit das Fett austritt. Wenn der Rücken gut Farbe angenommen hat, wird die Gans gewendet. Nach 1 Std. das Fett aus der Pfanne abschöpfen. Nach 2 Std. wieder das Fett abschöpfen, einen Bund geputztes Suppengrün in die Pfanne legen. Sobald der Bratensatz bräunt, die Gans mit etwas heißem Wasser begießen. Wiederholen, damit der Bratensatz nicht anbrennt. In den letzten 15 Min. wird die Gans oft mit Salzwasser bepinselt, damit ihre Haut schön knusprig wird. Wenn sich die Keulen leicht eindrücken lassen, wird die Gans zum Ruhen aus dem Ofen genommen. Jetzt das restliche Fett aus der Fettpfanne abgießen, das Suppengrün entfernen, den Bratensatz mit so viel Wasser loskochen, wie Sauce gebraucht wird. Sauce mit Salz, Pfeffer und Majoran abschmecken.

<u>*Füllung:*</u> geschälte Äpfel vierteln, Beifuss

<u>*Dazu:*</u> Kartoffelklöße und Rotkohl. Geschälte Birnenhälften (Dose) mit Kronsbeeren füllen.

Gefüllte Gans
(6-8 Personen)

1 junge Gans von ca. 4 kg
1½ - 2 kg Äpfel
150 g geriebenes Weißbrot
200 g Rosinen
ca.1/4 Liter Weißwein
1 TL Zucker
1 TL Kardamom
Salz
1 EL Maismehl

Die ausgenommene Gans gründlich waschen, abtrocknen und innen und außen salzen. Die Füllung hineingeben (nicht zu voll, da sie aufgeht und die Gans dann platzt), zunähen, in die halb mit Wasser gefüllte Bratenpfanne legen und im heißen Backofen ca. 1/2 bis 3/4 Std. schmoren. Dann die Pfanne herausnehmen, das Wasser abgießen, die Pfanne mit der Gans wieder in den Ofen schieben und ca. 2½ - 3 Std. weiter braten. Die Gans während der Bratzeit mit dem abgegossenen Schmorwasser begießen, dabei aufpassen, dass sie nicht zu schnell bräunt, evtl. zeitweilig mit Pergament abdecken. Die fertige Gans auf eine vorgewärmte Platte legen und warm stellen, die Bratensauce gründlich entfetten und die restliche Sauce evtl. mit 1 EL Maismehl (in Wasser oder Weißwein angerührt) binden und mit Salz abschmecken.

<u>Füllung:</u> Die Äpfel schälen und klein schnippeln, mit dem geriebenen Weißbrot, Rosinen, Kardamom, Zucker und Weißwein verrühren. Etwas durchziehen lassen. Die Masse muss beim Einfüllen gut feucht sein, evtl. Weißwein nachgießen.

<u>Dazu:</u> Kartoffelklöße und Rotkohl.

Hühnersuppe

1 Suppenhuhn
1 Bund Suppengrün
1 TL Ingwerpulver
1½ Liter Wasser
60 g Fett
60 g Mehl
1 kleine Dose Ananas
1 kleine Dose Champignons
Curry
Salz
Weißwein
Sherry

Das Huhn mit dem Suppengrün, Ingwerpulver und dem Wasser garen. Die Brühe durch ein Sieb geben, das enthäutete Hühnerfleisch in kleine Würfel schneiden. Dann eine Mehlschwitze herstellen und mit der Brühe ablöschen. Ananasstücke, Pilze und Hühnerfleisch in die Suppe geben und mit Sherry, Salz und Wein abschmecken. In Tassen oder Teller füllen und eine Haube Sahne draufsetzen.

Hühnersuppe mit Schlagrahm

1 Brathähnchen oder
1 junges mageres Suppenhuhn
1 Stange Porree
1 Petersilienwurzel
1 kl. Stück Sellerie
2 Wurzeln
1½ Liter Wasser
1 EL Mehl
1 EL Butter
2 Eigelb
1/8 Liter Schlagsahne

Das Huhn oder Hähnchen mit Herz, Magen und Hals, dem geputzten, sehr fein geschnittenen Gemüse und Salz in kaltem Wasser aufsetzen und bei mittlerer Hitze ca. 1½ Std. kochen lassen. Das Huhn herausnehmen und das Brustfleisch von den Knochen lösen, enthäuten und in sehr feine Streifen schneiden (das übrige Fleisch für Ragout etc. verwenden). Brühe durch ein Sieb gießen, das zurückbleibende Gemüse kurz mit heißem Wasser abspülen und wieder in die Suppe geben, nachdem man eine helle Mehlschwitze mit der Brühe glatt gerührt hat. Ca. 3 Min. aufkochen lassen, 2 Eigelb hineinquirlen und das Brustfleisch dazugeben. Die Sahne schlagen und vor dem Servieren in der Terrine auf die Suppe setzen.
Wenn man die Suppe gleich auffüllt, in jeden Teller einen Klecks Schlagsahne geben.

Wildgerichte

Matten de Has´

Lütt Matten de Has´,	Keem Reinke de Voß	Kumm, lat uns tosam!	Lütt Matten gev Pot.
De mak sik en Spaß,	Un dach: da´s en Kost!	Ik kann as de Dam!	De Voß beet em dot
He weer bi´t Studeern,	Un seggt: Lüttje Matten,	De Krei, de speelt Fitel,	Un sett sik in Schatten,
Dat Danzen to lehrn,	So flink op´e Padden?	Denn geiht dat mal schön,	Verspis´ de lütt Matten:
Un danz ganz alleen	Un danzst hier alleen	Op de achtersten Been!	De Krei, de kreeg een
Op de achtersten Been.	Op´e achtersten Been?		Vun de achtersten Been.

(Klaus Groth)

Hasenpfeffer in Rotwein
(10 Jäger nach der Treibjagd)

2 Hasen
1 Pfund geräucherten Speck
6 große Zwiebeln
Salz, Pfeffer
Thymian, Nelken
Zucker
Mehl
Rotwein
Fleischbrühe
wenig Schale einer Orange

Die Hasen gut häuten und mit Essigwasser abreiben, dann würzen und in Portionsstücke schneiden. Den Speck in kleine Würfel schneiden und langsam ausbraten lassen. Kleingeschnittene Zwiebeln hinzufügen. Nun die Hasenstücke im Fett gut anschmoren lassen, über alles etwas Mehl streuen, mit Rotwein und Fleischbrühe ablöschen. Dann die anderen Gewürze hinzugeben und langsam 2-3 Std. braten.
Die Sauce mit Rotwein abschmecken, alles binden und die Portionsstücke wieder hineinlegen.

<u>*Dazu:*</u> Kartoffelklöße, Rotkohl oder Rosenkohl und Apfelmus.

Hasenrücken

1 Hasenrücken	
Salz	
30 g Fett	
60 g fetter Speck	
saure Sahne oder Buttermilch	
Mehl	

Hasenrücken häuten, waschen, abtrocknen und salzen. Um zu vermeiden, dass sich der Rücken beim Braten krümmt, vorher Wirbelsäule einknicken. Das Fleisch mit Fett bestreichen und mit Speckstreifen belegen oder spicken, dann in einen vorher mit Wasser ausgespülten Bratentopf legen und 40-45 Min. bei 230-250°C braten, danach bei 0°C noch 5-10 Min. im Ofen belassen.
Den Bratenfond mit Wasser und Sahne oder Buttermilch auffüllen, mit angerührtem Mehl andicken, aufkochen und abschmecken.
Das Fleisch vom Knochen lösen, in Scheiben schneiden und anrichten.

Dazu: Salzkartoffeln, Klöße oder Kroketten, Apfelmus, Rotkohl oder Rosenkohl.

Rehkeule nach Heidjer Art

ca. 2,5 kg Rehkeule
10 Scheiben dünner Speck
150 g Butter
Salz, Pfeffer
Wacholderbeeren
etwas Rotwein
1/8 Liter saurer Rahm
1/8 Liter süßer Rahm
etwas Mehl

Rehkeule gut häuten, salzen und pfeffern, dann in einen Bratentopf legen, mit Speckscheiben umgeben und in Butter gut anbraten. Keule mehrfach wenden und häufig mit dem Bratenfond begießen und ca. 3 Std. in der Bratröhre belassen. Danach mit etwas Rotwein ablöschen und die Sahne hinzufügen.

Dazu: Kartoffeln, Semmelknödel, Rotkohl oder Rosenkohl.
Als Beilage Apfelmus mit einem Klecks von Preiselbeeren.

Wildschweinbraten

Keule oder Schulter
Essig
Zwiebeln
Lorbeerblättern
Wacholderbeeren
Fett
Zucker

Vorab das Wildbret 3 Tage in eine Beize aus Essig, Zwiebeln, Lorbeerblättern und Wacholderbeeren legen. Danach gut abtropfen, scharf anbraten, mit der Beize begießen und, je nach Größe, nach ca. 3 Std. nach und nach ablöschen.
In den Bratenfond Zucker geben und mit einem Bindemittel die Flüssigkeit abbinden.

Dazu: Kartoffelklöße, Backobst oder Rotkohl.

Wildrahmsuppe

800 g Knochen vom Reh
Bauchlappen, Hals (Träger)
2 EL Butter
2 Lorbeerblätter
4 Pfefferkörner, schwarz
1 TL Salz
1½ Liter Wasser
2 Zwiebeln
1 Bund Suppengrün
125 g frische Champignons
2 Becher saure Sahne
1 Glas Cognac
Schnittlauchröllchen

Die Knochen anbraten, Gewürze zugeben und dann mit Wasser auffüllen, alles etwa 60 Min. kochen, danach die Knochen herausnehmen. Das Suppengrün und die Zwiebeln klein schneiden, in die Brühe geben und 15 Min. köcheln lassen, dann das Fleisch klein schneiden und wieder in die Brühe geben. Die verquirlte Sahne und den Cognac einrühren, mit Salz und Pfeffer abschmecken, klein geschnittene Schnittlauchröllchen darüber streuen.

Klüten,
Kartoffeln, Kohl und anderes

Klüten oder Klöße

Klüten isst man auf Finkenwerder und in Hamburg nicht nur in Suppen, sondern auch als traditionelle Beilage zu deftigen Fleischgerichten, oder – wie die Hamburger Rauchfleischklöße – als Hauptgericht mit brauner Butter und Grünkohl. Auf ein ähnliches Essen bezieht sich auch der Spruch von Gorch Fock aus „Seefahrt ist not".

„Hüt Klüt, morgen Fisch, vergnögt gaht wie to Disch."

Hamburger Rauchfleischklüten

200 g Butter
2 Eier
4 Eigelb
4 EL Mehl
2 in Milch eingeweichte Rundstücke
2 geröstete, gewürfelte Rundstücke
Salz
geriebener Muskat
200 g Rauchfleisch
gehackte Petersilie

In einer Schüssel werden Eier, Eigelb und Butter mit geriebenem Muskat und Salz verrührt, dann das gesiebte Mehl hinzugegeben und die Masse mit den ausgedrückten sowie den gewürfelten Rundstücken und der Petersilie verknetet. Daraus formt man Klöße und kocht sie in siedendem Wasser ca. 15 Min., bis sie schwimmen. Nach dem Herausnehmen mit gebräunter Butter begießen.

Dazu: Grünkohl.

Schwemmklüten

1/8 Liter Milch
40 g Butter
60 g Mehl
1 Ei
Salz
Muskat

Milch, Butter, Salz und Muskat zum Kochen bringen, dann das Mehl hineinrühren. Den Topf vom Herd nehmen, das Ei hineinquirlen, mit zwei nassen Löffeln ovale Klöße ausstechen und in der Suppe oder getrennt in Salzwasser garen.

Dazu: Aalsuppe, Frische Suppe etc.

Mehlklüten

125 g Mehl
1/4 Liter Wasser
125 g Butter oder Margarine
1 Ei
Salz

Das Mehl in eine Schüssel sieben und in die Mitte eine Vertiefung machen. Das Wasser mit der Butter aufkochen, in die Vertiefung schütten und solange rühren, bis sich die Masse gebunden hat, dann das Ei und etwas Salz dazugeben. Mit zwei nassen Löffeln Klöße formen und in leicht gesalzenem, kochendem Wasser garen, bis sie schwimmen. Mit der Schaumkelle herausnehmen und in die Suppe geben.

Dazu: Aalsuppe.

Grießklüten

60 g Grieß
1/4 Liter Wasser
2 EL Butter
2 Eier
Salz

Butter in dem Wasser aufkochen lassen, dann den Grieß bei mäßiger Hitze einrühren, bis eine glatte Masse entstanden ist. Den Topf vom Herd nehmen, etwas abkühlen lassen und anschließend die Eier hineinrühren. Dann die Klöße formen und in kochendem Salzwasser garen lassen, bis sie schwimmen.

Dazu: Fruchtsuppen, besonders Fliederbeersuppe.

Hamburger Fettklüten

250 g Mehl
250 g Butter, Margarine oder Schmalz
1/4 Liter kochendes Wasser
250 g geriebene kalte gekochte Kartoffeln
Salz

Man schüttet das Mehl in eine Schüssel, gibt das geschmolzene, brutzelnde Fett, etwas Salz und das kochende Wasser dazu, rührt alles gut durcheinander und lässt es abkühlen. Dann werden die geriebenen Kartoffeln darunter geknetet, Klöße geformt, die man 8-10 Min. in sprudelndem Salzwasser garen lässt.

Dazu: Schweinebraten und Hamburger Plockfinken.

Birnenklüten
(Birnenklöße)

1 kg durchwachsenen geräucherten Speck
4 Kochwürste
1½ Pfund kleine Kochbirnen oder 4 Birnen Bürgermeister oder Alexander Lukas
Klütenteig:
500 g Mehl
200 g Margarine
130 g Zucker
4 ganze Eier
0,125 Liter Mineralwasser
0,125 Liter Milch
1 TL Backpulver

Speck zusammen mit Birnen in einen Topf geben, mit Wasser bedecken, aufkochen und dann ca. 30 Min. leicht köcheln lassen, den Schaum mehrfach abschöpfen.
Dazwischen den Klütenteig herstellen und Eier mit Zucker, Mehl, Margarine, Mineralwasser und Milch verrühren und das Backpulver unterrühren.
Nach 30 Min. köcheln die Kochwürste zu Speck und Birnen legen, darüber den Teig geben und weitere 2,5 Std. langsam abgedeckt kochen lassen. Um der Speise eine gute Bräunung zu geben, alles im Backofen bei 170°C backen.

Tipp: Am besten den Topf auf den Tisch stellen und die Portionen auf die Teller geben.

Großer Hans

750 g Mehl
300 g vorgewärmte Butter oder Margarine
1/4 Liter Milch
125 g Rosinen
125 g Korinthen
4 Eier
250 g Zucker
1 Messerspitze Cardamom
1 Messerspitze Caneel
Zitronensaft

Alle Zutaten werden zu einer nicht zu festen Masse vermengt (evtl. mehr Milch verwenden). Der fertige Teig wird in ein vorher mit Mehl bestreutes Tuch gefüllt, das man nicht zu fest zusammenbindet (der Kloß geht auf) und in einen großen Topf mit leicht gesalzenem, sanft kochenden Wasser gehängt. Der Kloß darf den Boden nicht berühren. 2 Std. kochen lassen, nach dem Herausnehmen kurz mit kaltem Wasser übergießen und auf einen Teller legen.

Dazu: Kirschsauce.

Platzkartoffeln
(4 Personen benötigen 14 Stück)

1/4 Liter Milch
65 g Butter
1/4 Pfund Weizenmehl

Man kocht die Milch mit der Butter im Topf und schüttet unter beständigem Rühren 1/4 Pfund Weizenmehl hinein und rührt so lange, bis sich die Masse vom Topf löst. Die Masse dann zum Abkühlen beiseite stellen und nach und nach 3 ganze Eier hineinrühren. Von dem Teig mit einem TL kartoffelgroße Klöße ausstechen und in kochendes Fett legen. Die Klöße so lange darin backen bis sie platzen, woraus sich der Name ergibt. Klöße herausnehmen und mit Zucker bestreuen.

Dazu: Vanille- oder Weinsauce.

Kartoffelklöße

1 kg gekochte Kartoffeln
50 g Butter oder Margarine
geriebene Muskatnuss
Salz
in Butter geröstete Weißbrotwürfel

Die gekochten und gepellten Kartoffeln werden noch warm durch ein Sieb gerührt und mit Butter, Salz und geriebener Muskatnuss gut vermischt. Mit den Händen (evtl. etwas mit Kartoffelmehl bestäuben) oder zwei großen Löffeln Klöße formen und in jeden in der Mitte einen gerösteten Weißbrotwürfel drücken. Die Klöße 10 Min. in kochendem Salzwasser garen.

Dazu: Schweine-, Enten-, Gänsebraten etc.

Béchamelkartoffeln, überbacken

500 g Pellkartoffeln
20 g Butter
ger. Muskatnuss
1/4 Liter Sahne
1 Bund gehackte Petersilie, Salz

Kartoffeln kochen, abpellen, in dicke Scheiben schneiden und in eine gut gefettete Auflaufform füllen. Sahne mit Salz und Muskat würzen und über die Kartoffeln gießen. 10 Min. bei mittlerer Hitze im vorgeheizten Ofen überbacken. Vor dem Servieren mit gehackter Petersilie bestreuen.

Dazu: Holsteiner Katenschinken.

Zuckerkartoffeln

750 g sehr kleine runde Kartoffeln
2 EL Butter oder Schmalz
1 EL Zucker
Salz

Die Kartoffeln mit der Schale gar kochen und pellen. In einer Pfanne etwas Fett erhitzen, die Kartoffeln hinein geben und unter ständigem Rühren von allen Seiten anbraten. Zucker und Salz darüberstreuen und weiter braten, bis sie schön glänzend sind und der Zucker karamellisiert ist.

Dazu: Grünkohl, Kassler, Wild und Roastbeef.

Kümmelkartoffeln mit Quark

1 kg Kartoffeln
Kümmel
Butter oder Öl
500 g Quark
Milch
2 harte Eier
1 Tasse gehackte Kräuter
(Petersilie, Dill, Schnittlauch, Basilikum etc.)
Salz

Kartoffeln: Möglichst neue Kartoffeln gründlich waschen, ungeschält halbieren, mit den Schnittflächen in Kümmel und Salz stibben und auf ein gefettetes Backblech setzen. Dann die Schalen mit Butter oder Öl bepinseln und im Backofen bei guter Hitze ca. 40 Min. gar backen.

Quark: Den Quark mit Milch glatt rühren und mit Salz, Kräutern und den gehackten harten Eiern vermischen.
Quark aufdecken und Kartoffeln heiß servieren.

Kohlrabi-Kartoffel-Gratin

500 g Kartoffeln
500 g Kohlrabi
2-3 Zwiebeln
500 g Gehacktes
200 g geriebener Emmentaler
1/4 Liter Milch
1/8 Liter Sahne
2 Eier
Salz, Pfeffer, Paprika
Semmelbrösel
20 g Butter

Kartoffeln und Kohlrabi kochen. Gehacktes, Zwiebeln, Eier und Butter vermengen und alles schichtweise in eine Auflaufform geben. Mit Milch und Sahne übergießen, darüber den geriebenen Käse geben und eine 3/4 bis 1 Std. im Backofen bei 200°C erhitzen. Kurz vor dem Herausnehmen den Auflauf mit Semmelbrösel bestreuen.

Grünkohl

1 kg Grünkohl
1 fein gehackte Zwiebel
50 g Butter oder Schmalz
geriebene Muskatnuss
Salz

Den Kohl von den Rippen befreien, gründlich waschen und in leicht siedendem Salzwasser 20 Min. kochen. Den abgetropften Kohl fein wiegen oder mit dem Messer schneiden und in heißem Fett mit der Zwiebel und Muskatnuss ca. 30 Min. bei schwacher Hitze schmoren. Evtl. eine Tasse Wasser oder Fleischbrühe zugießen.

Tipp: Kochwürste, Kassler und Fleisch in den Grünkohl geben, Kochwürste mit der Gabel mehrfach anstechen und mit dem Grünkohl kochen.

Dazu: Kochwürste, Kassler etc. und Zuckerkartoffeln.

© by Daniela Baack/pixelio.de

Grünkohl nach Großmutters Art

1 Beutel oder 3 Dosen/Gläser Grünkohl
4 Kohlwürste
1½ Pfund Kassler
½ Pfund Bauchfleisch
400 g Schweinebacke
1 Zwiebel
1 Tasse Hafergrütze
Salz, Pfeffer

Grünkohl 10 Min. abkochen, abgießen. In einen Schnellkochtopf geben, gehackte Zwiebel plus Gewürze dazu. In ein Nest in der Mitte die Hafergrütze geben. Alle Fleischsorten oben drauf legen. Nur die Kohlwürste werden extra in heißem Wasser gegart. 2-2½ Tassen Wasser auf den Kohl geben, Topf schließen und 1 Std. kochen. Ohne Schnellkochtopf 2 Std. kochen. Nach der Garzeit Fleisch herausnehmen, aufgeschnitten auf einer Platte servieren. Den Kohl kräftig durchrühren, abschmecken.

Dazu: Zuckerkartoffeln und kalten Köm oder Korn

Birnen, Bohnen und Speck

700 g durchwachsener Speck
1500 g Brechbohnen
500 g Kochbirnen
Bohnenkraut
Petersilie
Salz, Pfeffer

Mit wenig Wasser wird der Speck aufgesetzt, nach einer Std. Garzeit werden die Bohnen, dazu die Gewürze hinzugegeben. Von den Birnen werden die Blüten entfernt und nebeneinander die Birnen, mit dem Stiel nach oben zeigend, auf die Bohnen gesetzt. Wenn Bohnen und Birnen gar sind, wird noch einmal mit Salz und sehr viel Petersilie abgeschmeckt. Alles in einer großen Schüssel servieren.

Dazu: Salzkartoffeln.

Tipp: Am besten schmeckt es im Sommer, wenn die frischen Birnen reifen.

Schnüsch

250 g Möhren
250 g Erbsen
250 g Brechbohnen
250 g Pellkartoffeln
1/2 Liter Milch
50 g Butter
Salz, Zucker
1 Bund Petersilie

Möhren, Erbsen und Brechbohnen in wenig Wasser nur kurze Zeit kochen, dann die Kartoffeln kochen, pellen und in Scheiben schneiden. Gut vermischen. Die Milch aufkochen, die Butter hineingeben und beides über das mit Salz und Zucker abgeschmeckte Gemüse geben, fein gehackte Petersilie darüber streuen.

Dazu: eine Scheibe roher Schinken (Katenrauchschinken) oder geräucherter Speck, möglichst vom Holzbrettteller.

Tipp: Schnüsch schmeckt besonders gut, wenn eine Schweinebacke im Gemüsewasser mitgekocht wird.

Stangenspargel

2 kg Spargel	
Wasser	
Zucker	
Salz	

Spargelstangen nicht zu dünn schälen und alle harten, faserigen Teile entfernen. Das Endstück so weit abschneiden, dass der Spargel nicht hölzern ist. Dann die Stangen in kochendes schwach gesalzenes und gezuckertes Wasser geben und zugedeckt 20 – 25 Min. gar kochen. Dem Wasser kann auch etwas Butter zugefügt werden.
Mit Schaumlöffel den Spargel aus dem Wasser nehmen, gut abtropfen lassen und auf eine heiße Platte legen.

<u>Dazu:</u> Holsteiner Katenschinken, Kartoffeln mit Petersilie und zerlassene Butter.

<u>Tipp:</u> Frischer Spargel quietscht, wenn man die Stangen aneinander reibt.

Spargelragout mit Shrimps

750 g möglichst kleine neue Kartoffeln
40 g Butter
10 g Krebsbutter (Dose)
30 g Mehl
400 ml Hühnerbrühe
200 ml Sahne
Salz
weißer Pfeffer aus der Mühle
750 g Spargel
1 kleine Knoblauchzehe
ca. 24 Shrimps
Zitronensaft und Worcestershiresauce zum Abschmecken
1 Bund glatte Petersilie

Die Kartoffeln unter fließendem Wasser bürsten und vierteln. Butter und Krebsbutter in einem breiten Topf aufschäumen. Die Kartoffeln darin andünsten, Mehl darüber stäuben, gut durchrühren und anschwitzen. Die Hühnerbrühe langsam zugießen, dabei kräftig mit einem Holzlöffel rühren. Die Sahne zugießen, mit Salz und Pfeffer würzen, zugedeckt bei milder Hitze 30 Min. garen, gelegentlich umrühren.
Den Spargel schälen und in mundgerechte Stücke schneiden, dabei die Spargelköpfe beiseite legen. Die Spargelstücke 15 Min. unter die Kartoffeln rühren, Spargelköpfe 5 Min. später. Knoblauch pellen, pürieren und dazugeben. Die Shrimps für 2-3 Min. in sprudelndes Wasser geben, herausnehmen und abpellen. Das Ragout mit Zitronensaft und Worcestershiresauce herzhaft würzen. Shrimps hineingeben und kurz darin durchziehen lassen.
Die gehackte Petersilie vor dem Servieren über das Ragout streuen.

Sauerkrautgratin mit Bandnudeln

1 Zwiebel
500 g bunte Bandnudeln
Knoblauch
200 g geriebenen Käse
1 EL Butter
1 Becher süße Sahne
500 g Sauerkraut
100 g gehackte Mandeln

Eine feingehackte Zwiebel und gepressten Knoblauch in Butter anbraten, Sauerkraut dazugeben und kurz andünsten.
In eine gebutterte Auflaufform schichten in der Reihenfolge: Sauerkraut – Nudeln – Käse – Mandeln – Sauerkraut – Nudeln – Käse …
Die Sahne über den Auflauf gießen und im Ofen 30 Min. bei 200 °C überbacken.

Holsteiner Dickmusik

je 500 g ausgepalte große Bohnen (Puffbohnen) und junge Erbsen
500 g gelbe Wurzeln
500 g Kartoffeln
1 Stange Porree
2 Zwiebeln
250 g Schinkenspeck
Butter
1/2 Liter Fleischbrühe
Petersilie
Pfeffer, Salz

Die Hälfte des Schinkenspecks wird mit fein gehackten Zwiebeln und dem in Ringe geschnittenen Lauch in einer Kasserolle angebräunt. Dann füllt man abwechselnd die geschälten, gewürfelten Kartoffeln, Erbsen und Bohnen dazu, bis alles gut vermischt ist. Die Brühe dazugießen und kurz aufkochen lassen. Mit Salz und Pfeffer abschmecken und einen Klacks Butter dazugeben. Bei geschlossenem Topf und schwacher Hitze ca. 45 Min. garen. Zum Schluss die restlichen Schinkenwürfel rösten und mit reichlich gehackter Petersilie über den Eintopf streuen.

Landfrauenwähe

Tiefgefrorener Blätterteig
100 g Porree
125 g Sellerie
125 g Möhren
1 Zwiebel
10 g Sanella
300 g gemischtes Hack
250 g Tomaten
je 1 Bund Petersilie und Schnittlauch
Salz, Pfeffer, Oregano
2 Eier
1/4 Liter 10%ige Kaffeesahne
1 Prise Muskat

Porree putzen, in Rädchen schneiden und geschälten Sellerie und Möhren in kleine Würfel geschnitten dazugeben und alles in wenig Salzwasser in ca. 15 Min. garen und dann abgießen. Inzwischen die Zwiebel würfeln und in Margarine andünsten. Das Hack dazugeben und so lange braten, bis das Fleisch das rohe Aussehen verloren hat. Die Tomaten abziehen und grob würfeln. Petersilie und Schnittlauch hacken und mit Tomaten unter das Fleisch mengen. Alles noch einige Minuten dünsten und mit Salz, Pfeffer und Oregano abschmecken. Abkühlen lassen.
Inzwischen den Blätterteig ausrollen. Ein rundes Kuchenblech oder eine Springform (ca. 28 cm Durchmesser) mit der Margarine ausfetten und mit dem Teig auslegen. Den Rand 3-4 cm hochziehen. Den Teig 10 Min. im vorgeheizten Ofen backen, dann die Fleischmasse darauf geben und mit den Eiern, die mit der Kaffeesahne verquirlt wurden und mit Salz und Muskat gewürzt – zusammen mit dem gegarten Gemüse – über das Fleisch gießen.
Die Wähe noch ca. 20-30 Min. backen.

Dazu: grüner Salat und Weißwein.

Bauernomelett
(Zutaten pro Person)

1 Scheibe (20 g) gekochter Schinken
2 mittelgroße gekochte Kartoffeln
1 Zwiebel
1 TL Öl
2 Eier
Salz, Pfeffer
Schnittlauch
2 Tomaten

Die Kartoffeln pellen und in Scheiben schneiden. Schinken und Zwiebel würfeln. Das Öl in einer beschichteten Pfanne erhitzen. Die Kartoffelscheiben anbraten, dann Schinken und Zwiebel zugeben. Die Pfanne hin und wieder rütteln. Eier mit Salz und Pfeffer verquirlen und über die Kartoffeln gießen. Langsam stocken lassen und dabei gelegentlich wenden. Mit Schnittlauchröllchen bestreuen. Die Tomaten achteln und um das Omelett legen, salzen und pfeffern.

Pannkoken
(Eierkuchen)

300 g Mehl
2 Eier
20 g Zucker
0,3 Liter Milch
50 g Fett
1 Prise Salz

Das Mehl mit 1 Prise Salz, 1 ganzen Ei und 1 Dotter vermischen, Milch oder Sodawasser zugießen, gut verrühren. Aus dem flüssigen Teig dünne Eierkuchen backen und mit je 20 g Konfitüre, Nüssen, Mohn, Kakao, Quark, Apfelmus usw. füllen. Der Eierkuchenteig kann auch mit halb Milch und halb Sodawasser zubereitet werden.

Tipp: Je nach Geschmack kann der Pannkoken auch mit gekochten und geschnittenen Champignons einschließlich warmer Soße belegt werden.

Der Finkenwärder Hof

Familie Rahmstorf

Über viele Jahre galt der „Finkenwärder Hof" der Familie Rahmstorf als eine der Hamburger Topadressen, wenn es um exzellente Fischgerichte ging. Die Erfolgsgeschichte dieses bekannten Gasthofs begann am 28. Juli 1867, als der aus Neuenfelde kommende Kapitän und Eigner der Schoner-Brigg „Margaretha" seine Geesche heiratete, die Tochter der seit 1791 auf Finkenwerder ansässigen Gastwirts- und Brennerfamilie Harms. Auch wenn der Kapitän in den ersten zwölf Jahren der Ehe nur ganze fünfmal zu Hause war, brachte Geesche sieben Kinder zur Welt, von denen Sohn William die Gastwirtschaft weiterführte. Der starke Zigarrenraucher ging als „Wirtschaftsbarometer" in die Ortsgeschichte ein, denn hatte er gute Geschäfte gemacht, paffte er aus dem Mundwinkel mit hochaufragender Zigarre, während sie bei schlechten Geschäften deutlich nach unten zeigte.

Williams Sohn Heinrich übernahm den „Finkenwärder Hof" und führte ihn sicher durch die Inflation und den Zweiten Weltkrieg. Nachdem sein Sohn Heinz im Ratsweinkeller Koch gelernt und sich danach in der Spitzengastronomie weitergebildet hatte, übernahm er zuerst die Küche. Später führte er, gemeinsam mit seiner Frau Hanna, in vierter Generation den „Finkenwärder Hof" in den Olymp der Hamburger Fischrestaurants. Redakteure bedeutender Zeitschriften lobten seine Kochkünste, berichteten über das gediegene maritime und heimatliche Ambiente des alten Gasthofes und machten die in bestem Platt geschriebene „Spieskoart" bundesweit bekannt. – Im Dezember 1981 verkaufte Heinz das gesamte Anwesen und sieben Jahre später verließen nach über 120 Jahren die letzten Gäste den traditionsreichen und idyllisch gelegenen „Finkenwärder Hof". – Heute steht eine Wohnanlage auf diesem historischen Platz.

Unvergessen bleiben Heinz Rahmstorfs Leistungen als Koch und seine reichhaltige Speisekarte mit bodenständigem Essen und exzellenten Fischspeisen. Er war aber auch der internationalen Küche zugetan und beschäftigte sich schon früh mit der Zubereitung von Sushi und Tempura aus Japan, mit Paella aus Spanien und der Indonesischen Reistafel. Besonders beliebt waren jedoch seine mit großem Einfallsreichtum zubereiteten Fischgerichte, Schalentiere aller Art, Tintenfische und seine Krebssuppe. Legendär war auch sein Umgang mit Gästen, ob es sich dabei um einfache Leute handelte oder um die ganz Großen, die gerne in den „Finkenwärder Hof" kamen. Bei Bestellungen ging er persönlich an die Tische, um diskret zu beraten und freute sich, wenn seine Gäste wiederkamen.

Prominente Gäste

Zu den Stammgästen im Finkenwärder Hof, auf die Heinz Rahmstorf besonders stolz war, zählte der Physiker und Philosoph *Prof. Dr. Carl Friedrich von Weizsäcker*, der immer bei ihm einkehrte, wenn er in Hamburg war. Wie alle wirklich bedeutenden Persönlichkeiten trat der ältere Bruder des späteren Bundespräsidenten bescheiden auf und freute sich, wenn der Wirt sich zu ihm setzte. Gespräche mit diesem weltweit anerkannten Geisteswissenschaftler empfand Heinz Rahmstorf als große Ehre und verfolgte in den Medien sehr genau die wachsende Zahl von Ehrendoktortiteln und die hohe internationale Wertschätzung seines bedeutenden Gastes.

Zu den berühmten Besuchern zählte auch der Pianist und Dirigent *Justus Frantz*, der Hamburgs Elbinsel direkt mit dem „Finkenwärder Hof" verband und oft kam. Selbst in der Essener „Villa Hügel" schwärmte er nach einem Konzert begeistert von Rahmstorfs delikatem Steinbutt, als er von seinem Tischnachbarn Kurt Wagner erfuhr, dass dieser aus Finkenwerder kommt.

Es waren aber nicht nur angenehme Berühmtheiten, die in den „Finkenwärder Hof" einkehrten. Es kam sogar einmal ein richtiger Diktator, bei dessen Erscheinen das fröhliche Gespräch der Gäste sofort verstummte, als sie erkannten, dass Rumäniens Staatspräsident *Nicolae Ceausescu* an dem für ihn und seine Entourage reservierten Tisch platznahm. Umgeben von bulligen Securitate-Männern ließ er sich und seiner Begleitung die bekannte Finkenwärder Kutterscholle servieren. Die bedrückende Atmosphäre im sonst so lebensfrohen Gasthaus heiterte sich auch nicht auf, als Heinz Rahmstorf die Nachricht überbracht wurde, dass es dem Despoten geschmeckt habe. Erst als die rumänischen Gäste wieder in ihre schwarzen Limousinen stiegen, löste sich die Anspannung, vor allem auch, weil der erleichterte Wirt auf diesen Schrecken allen Gästen einen Gratiskümmel einschenkte.

Französische Küche

Ein gern gesehener Gast im „Finkenwärder Hof" war auch *Karl Theodor Walterspiel*, Vorstandsmitglied des Kempinski Konzerns, Chef des Hamburger Hotels Atlantic und in Europa ein hochangesehener Hotelier. Auf die Elbinsel kam er regelmäßig zum Fischessen, brachte oft Gäste mit und fühlte sich sichtlich wohl. Im Laufe der Zeit entstand sogar eine Freundschaft zwischen Walterspiel und Rahmstorf, die der Finkenwerder auch einmal bei einem Sonderfall in Anspruch nahm. – Und das kam so:

Warum in die Ferne schweifen, sieh' das Gute liegt so nah'!

„FINKENWÄRDER HOF"

HEINRICH RAHMSTORF
HAMBURG-FINKENWERDER
TELEFON 39 60 37

10 Minuten links vom Dampfer

Für Ausflüge …

Zu den weniger beliebten Gästen im „Finkenwärder Hof" zählte ein neureicher Unternehmer, der oft lautstark von seinen häufigen Reisen an die französische Küste erzählte. Großtuerisch berichtete er über lukullische Erlebnisse und die Erfüllung seiner ausgefallenen Spezialwünsche bei der Zubereitung seltener Fische durch französische Spitzenköche. Als er wieder einmal aus Frankreich kam und in höchsten Tönen den Verzehr von Seeigeln lobte, ging Heinz Rahmstorf auf ihn ein. „Um diese Delikatesse zu essen, musst Du doch nicht nach Frankreich fahren, das bekommst Du auch auf Finkenwerder, nur viel preiswerter". Der Gast reagierte verblüfft, und Rahmstorf eilte zum Telefon, rief Theodor Walterspiel im „Atlantic" an und bat um Unterstützung. Prompt reagierte sein Küchenchef und ließ per Kurier und Fähre einen Seeigel anliefern, der bereits nach einer Stunde im Topf landete.

Die Wartezeit nutzte Rahmstorf geschickt, um den Unternehmer und seine fünf Freunde mit Finkenwerder Geschichten zu unterhalten und ließ dann auch eine aufwendig zubereitete Vorspeise auftragen, während die Küche mit Spannung auf den Seeigel wartete. Dabei stellte er fest, dass sein Gast mit den exquisiten Sonderwünschen immer stiller wurde und die offensichtliche Vorfreude seiner Begleitung nicht teilen konnte. Als dann fünf Teller mit wunderbar frischem Bratfisch und als sechstes Gericht der fachkundig zubereitete Seeigel serviert wurden, stürzten sich die Freunde mit Begeisterung auf ihren Fisch, den sie mit Genuss verspeisten. Nur der angebliche Gourmet und große Kenner der französischen Küche saß mit hochrotem Kopf vor seinem Seeigel und wusste nicht, wie er ihn öffnen sollte. Rahmstorf ließ ihn noch etwas warten, dann zerlegte er die Delikatesse und der elitäre Feinschmecker konnte seinen Seeigel endlich verspeisen. Doch so gut wie seinen Begleitern schmeckte es ihm nicht. Erst nach einer längeren Pause besuchte er wieder regelmäßig den „Finkenwärder Hof" und sprach nie wieder über die französische Küche.

Zu den häufigen und angenehmen Gästen gehörte auch eine Reederswitwe von der Elbchaussee, die mit der Fähre von Teufelsbrück übersetzte und mit ihrer Freundin gerne den „Finkenwärder Hof" besuchte. Sie war eine wirkliche Dame, ließ sich gerne beraten, war stets für besondere Kreationen offen und speiste mit Genuss. Eines Tages berichtete sie Rahmstorf dezent und leise, dass sie gerade aus Marseille gekommen sei und dort die beste Bouillabaisse ihres Lebens gegessen hatte. Heinz stellte sich sofort an den Herd und kochte persönlich eine Bouillabaisse mit allen Finessen. Die beiden Damen waren begeistert und voll echter Bewunderung teilten sie Rahmstorf mit, dass seine Suppe die Bouillabaisse aus Marseille noch übertroffen habe. Nun wurde diese Finkenwerder Kreation zur Lieblingsspeise der Damen. Weil jedoch die Bouillabaisse in Hamburg wenig nachgefragt wurde, kündigten sie ihre Besuche rechtzeitig an und erfreuten sich noch lange an der exzellenten Fischsuppe aus Finkenwerder.

Scholle Finkenwerder Art auf chinesisch

Als eine große Delegation aus China die Firma Airbus besuchte, lud die Geschäftsführung die hochrangigen Ingenieure und Manager in den „Finkenwärder Hof" ein, damit sie dort die berühmte „Finkenwerder Scholle" kennenlernen konnten. Mehrere Tische wurden zusammengestellt und damit die weitgereisten Herren sich heimisch fühlten, gab es große Reistafeln, exotische Gewürze und natürlich Stäbchen. Rahmstorf ließ die Schollen in der Pfanne normal in Speck braten, zerlegte dann die Fische in kleine Stücke und servierte sie mit dem knusprigen Speck. Begeistert griffen die Chinesen zu den Stäbchen und das Essen wurde ein voller Erfolg. Nur einige Herren der deutschen Geschäftsführung vermissten Fischmesser und Gabel und standen in vorgerückter Stunde hungrig auf. Später ging ein langer Brief aus Peking bei Airbus auf Finkenwerder ein. Der Inhalt zählt zum Geschäftsgeheimnis, aber das hohe Lob über die Scholle Finkenwerder Art auf chinesisch wurde Heinz Rahmstorf prompt ausgerichtet: „Finkenwerder is one of the best places all over the world to eat fish ".

Kaviar und Seezunge für Deutschlands Kommunisten

Der gute Ruf des „Finkenwärder Hof" hatte sich in Hamburg offensichtlich nicht nur bei Feinschmeckern herumgesprochen, sondern war auch bis zur Deutschen Kommunistischen Partei (DKP) vorgedrungen. Und so kam es, dass Heinz Rahmstorf im November 1973 einen Anruf erhielt, ob er anlässlich des in Hamburg stattfindenden Bundes-Parteitages der DKP ein Festessen für 150 Parteigenossen ausrichten könne. Er sagte spontan zu und reichte mehrere Menü-Vorschläge ein. Sein Angebot reichte von bescheiden einfach bis zu Delikatessen für allerhöchste Ansprüche. Per Telefon kam umgehend die Bestellung und Deutschlands Kommunisten zeigten Geschmack. Sie hatten sich für das edelste und mit Abstand teuerste Menü entschieden: Kaviar, Hummer-Cocktail und allerbeste Seezunge, dazu Weine und Digestive der absoluten Spitzenklasse.

Heinz Rahmstorf konnte es sich nicht verkneifen, Informationen über den roten Besuch und deren exquisite Speisenfolge durchsickern zu lassen, und so schlug die Nachricht in Finkenwerder ein wie eine Bombe. Dabei rief nicht nur das luxuriöse Essen der ansonsten den bourgeoisen Lebensstil so vehement geißelnden Kommunisten Fassungslosigkeit hervor, sondern auch die Leichtfertigkeit, mit der Rahmstorf zugesagt hatte. Es gab weder eine schriftliche Bestellung, noch war Vorkasse vereinbart worden, nicht einmal eine Rechnungsanschrift war bekannt.

Dabei liefen sehr hohe Kosten bei den Fisch- und Delikatesshändlern auf, als sie Waren für 150 Personen in bester und teuerster Qualität anlieferten.

Auf der Elbinsel war man sich schnell einig, dass der „Finkenwärder Hof" auf den Kosten sitzen bleibt, weil die Kommunisten niemals ordentlich zahlen würden. Ganz wenige Optimisten gingen von einer Begleichung durch Moskau aus und holten bei der Sparkasse diskret Erkundigungen über den Kurs des sowjetischen Rubel ein.

Davon ganz unberührt bereiteten sich Heinz und Hanna Rahmstorf auf die große Festgesellschaft vor, ließen gepflegt eindecken und richteten das aufwendige Festessen an, während draußen Polizeikräfte Parkplätze freihielten und die Anfahrt der Politiker schützten. Im Saal des „Finkenwärder Hof" begrüßte DKP-Vorsitzender Herbert Mies zusammen mit dem Ehrenvorsitzenden Max Reimann nicht nur die Elite der deutschen Kommunisten, sondern auch Gesinnungsgenossen aus der Sowjetunion, der DDR, Frankreich und Italien.

Das Gala-Essen wurde ein großer Erfolg und die Spitze der DKP bedankte sich persönlich bei den Eheleuten Rahmstorf für die exzellente Qualität ihrer Speisen, Weine und edlen Brände. Der Dank wurde von den Gästen mit stürmischem Beifall bedacht und Finkenwerders bekanntester Wirt musste feststellen, dass ihm Anerkennung selten zuvor so lautstark und spontan entgegengebracht worden war.

Als die ersten Besucher aufbrachen, bat Rahmstorf den Parteisekretär um die Adresse, an die er seine Rechnung schicken könne. Die Antwort lautete kurz „Wie viel?", dann öffnete sich eine dick gefüllte Brieftasche und die Summe wurde in bar bezahlt, übrigens in DM und nicht in Rubel.

Die Sache hatte sogar noch ein „Nachspiel", denn Anfang Juni 1974 bekam Heinz Rahmstorf Post von der DKP-Hamburg. Als er den Brief öffnete, fielen zwei Eintrittskarten heraus, und zwar für das Fußballländerspiel Bundesrepublik Deutschland gegen die Deutsche Demokratische Republik am 22. Juni 1974 im Hamburger Volksparkstadion. Mit großer Vorfreude ging Rahmstorf mit einem Freund ins Stadion, und als sie ihre guten Tribünenplätze gefunden hatten, staunten sie nicht schlecht, denn sie saßen inmitten des DDR-Fanblocks. Sie waren umgeben von einigen westdeutschen DKP-Funktionären und 1500 hochdekorierten DDR-Bürgern aus SED-Parteikadern, darunter hunderte Inoffizielle Mitarbeiter des Ministeriums für Staatssicherheit. Einfachen DDR-Fußballfans war die Einreise zum Klassenfeind nicht erlaubt worden.

Als Jürgen Sparwasser dann in der 77. Spielminute mit einem 1:0 das Spiel für die DDR entschied, gab es für die DKP/DDR Fans kein Halten mehr und ihr Jubel war im Fernsehen nicht nur in der DDR, sondern im gesamten Ostblock einschließlich Kuba zu sehen und zu hören. Nur die beiden Besucher aus Finkenwerder blieben stumm und verließen schweigend das Volksparkstadion.

Soßen & Saucen

Meerrettichsoße

1/4 Liter Fleischbrühe
2 EL Mehlschwitze
5-6 EL geriebener, angemachter Meerrettich aus dem Glas
evtl. 1/8 Liter süßer Rahm

Die Mehlschwitze wird mit der Brühe glatt gerührt, 3 Min. gekocht und der Meerrettich dazugegeben. Nicht wieder aufkochen lassen, weil die Sauce dann an Geschmack verliert.

Senfsoße

1/4 Liter Fleischbrühe
1 EL Butter
1 EL Mehl
5 EL Senf
1/2 TL Zucker

Zubereitung wie Meerrettichsauce, nur nimmt man statt des Meerrettichs reichlich mittelscharfen Senf und würzt mit Zucker.

Travemünder Sauce

1 EL Butter
1 EL Mehl
1 Tasse Fischsud
etwas herber Weißwein
1/8 Liter süßer Rahm
2 Eigelb
1/2 Zitrone
Salz, Pfeffer
geriebene Muskatnuss

Butter und Mehl anschwitzen, mit Fischsud und Weißwein glatt rühren und 3 Min. kochen lassen. Mit Zitronensaft, Salz, Pfeffer und Muskatnuss abschmecken, zum Schluss die 2 Eigelb in die Sauce quirlen.

Tipp: Eignet sich besonders zu Kochfisch.

Hamburger Krebssauce

50 g Krebsbutter (fertig gekauft)
1/4 Liter Kalbsbrühe
1 EL Mehl
Salz

Die rote Krebsbutter wird mit Mehl angeschwitzt und mit Brühe glatt gerührt. Mit Salz abschmecken.

Tipp: Eignet sich zu fast allen Fischgerichten.

Helgoländer Krebssauce

50 g Krebsbutter
3 Eigelb
1 Messerspitze Salz
Zitronensaft

Eigelb und Salz werden mit dem Schneebesen schaumig geschlagen, dann die geschmolzene heiße Krebsbutter tropfenweise unter ständigem Rühren dazugeben. Mit etwas Zitronensaft abschmecken.

Béchamelsauce

2 Zwiebeln
2 EL Butter
1/2 EL Mehl
3/8 Liter süßer Rahm
Pfeffer, Salz

Die Zwiebeln werden fein gehackt und mit Butter glasig gedünstet (nicht braun werden lassen), dann gibt man das Mehl dazu und rührt mit dem Rahm eine glatte Sauce. Mit Pfeffer und Salz abschmecken.

Specksoße

150 g durchwachsener Speck
2 Zwiebeln

Speck und Zwiebeln in feine Würfel schneiden, dann den Speck in einer Pfanne glasig braten und die Zwiebeln dazugeben. Weiterbraten lassen, bis beides goldgelb ist.

Petersiliensoße

1/4 Liter Milch
1 EL Butter
1 EL Mehl
1 Bund fein gehackte Petersilie
Salz, Pfeffer
Zitronensaft

Butter und Mehl anschwitzen und mit Milch glatt rühren, 3 Min. kochen lassen. Die gehackte Petersilie dazugeben und mit Zitronensaft, Salz und Pfeffer abschmecken.

Champignonsoße

200 g Champignons
1/4 Liter Brühe
ca. 2 EL Butter
1 EL Mehl
Zitronensaft
Salz, Pfeffer
1/8 Liter Rahm

Champignons waschen, blättrig schneiden, mit Zitronensaft beträufeln und 5 Min. in Butter anbraten, dann die Brühe dazugießen und die Pilze im geschlossenen Topf weich dünsten. 1 EL Butter und 1 EL Mehl zu einem glatten Kloß verkneten, an die Sauce rühren und ca. 3 Min. aufkochen lassen. Mit Salz und Pfeffer abschmecken und den Rahm unterziehen.

Tipp: Eignet sich für viele Fleischgerichte und Pasteten.

Gurkensoße

1 Salatgurke
1 Schalotte
50 g Butter oder Margarine
1/4 Liter Brühe
1 EL Mehl
gehackte Petersilie
3 EL süßer Rahm
Pfeffer, Salz

Die Gurke im Ganzen schälen, der Länge nach aufschneiden und die Kerne herausnehmen. Dann die Gurke in feine Streifen schneiden, die Schalotte fein hacken und mit Mehl bestäuben. Beides in Butter weich schmoren, dann unter Rühren die Brühe dazugeben und 3 Min. kochen lassen. Mit Salz, Pfeffer, viel Petersilie und Rahm abschmecken.
Statt mit Mehl und Brühe kann die Sauce auch mit 1/4 Liter Schlagrahm legiert und statt Petersilie kann auch Dill verwendet werden.

Tipp: Eignet sich für gekochtes Rindfleisch, Hamburger Steak und andere Fleischgerichte.

Cumberlandsauce

60 g rotes Johannisbeergelee
1/8 Liter Öl
Saft und geriebene Schale einer Orange
3-5 EL scharfer Senf
1/2 TL Salz
Cayennepfeffe

Johannisbeergelee mit Orangensaft und Öl glatt rühren, die geriebene Orangenschale, Salz, Senf und Cayennepfeffer unter Rühren vermischen. Falls das Gelee nicht ganz gelöst ist, die Sauce durch ein Sieb rühren. Sie muss scharf-süßlich schmecken.

Tipp: Klassische pikante Soße für Kasseler und Wildgerichte.

Salate

Glückstädter Matjessalat

2 Matjes
2 mittlere Zwiebeln
2-3 mittlere saure Gurken
2 Äpfel
2 hart gekochte Eier
200 g mageres Fleisch
(Hühnerbrust oder Kasseler)
1 Glas Mayonnaise
etwas Crème fraîche
Salz, Pfeffer

Die filetierten Matjes würfeln und mit klein geschnittenen Zwiebeln, Gurken, geschälten Äpfeln, Eiern und Fleisch vermengen. Die Mayonnaise mit Crème fraîche, Salz und Pfeffer verrühren und unter die Masse heben. Gut durchziehen lassen.

Roter Heringssalat

3 gewässerte Matjes
3 saure Gurken
3 Äpfel
2 Zwiebeln
200 g rote Bete*
400 g gekochte Kartoffeln
Marinade:
8 EL Öl
4 EL Weinessig
125 g Mayonnaise
Zucker, Salz, Senf

Die Zutaten in Würfel schneiden, dann bereiten Sie aus den unteren Zutaten eine Marinade und legen die Würfel hinein und lassen alles mehrere Stunden ziehen.

Roter Heringssalat nach Altländer Art

6 Salzheringe
5 mittelgroße Äpfel
5 frische rote Bete*
6 Gewürzgurken
500 g mageres Bauchfleisch
1 mittleres Glas Mayonnaise
3 EL Salatöl
3 TL Senf
6 TL Zucker

Salzheringe ausnehmen und eine Nacht wässern. Rote Bete und Bauchfleisch gar kochen und abkühlen lassen. Äpfel und Gurken in kleine Würfel schneiden und mit Mayonnaise, Öl und den Gewürzen vermischen. Abschmecken und zugedeckt ca. 10 Std. im Kühlschrank durchziehen lassen. 1 Std. vor dem Servieren nochmals abschmecken.

Heringssalat nach Großmutters Art
(8 Personen)

6 Salzheringe
(ersatzweise Matjes = 12 Filets)
1 kg gekochte rote Bete*
250-300 g gekochte Kartoffeln
500 g Äpfel
5-6 kleine Gurken, süß-sauer
4 hart gekochte Eier
(1-2 zum Garnieren)
einige Scheiben Bratenreste
3-4 gewürfelte Zwiebeln, je nach Größe
1-1½ Tassen Essig
1/2 Tasse Öl
Zucker, Salz, Pfeffer
Kapern nach Geschmack

Alle Zutaten in kleine Würfel schneiden und miteinander vermengen, dann die Marinade herstellen, abschmecken und darüber tun. Ab und zu umrühren und am besten über Nacht ziehen lassen.
Man kann noch gehackte Walnüsse drunter geben.

*Der ungewöhnlich erscheinende Begriff Be(e)te ist über das lateinische beta (rote Rübe) nach Norddeutschland gekommen und weist darauf hin, dass die Vorfahren eines der genialsten Komponisten Rübenbauern waren.
So heißt Ludwig van Beethoven eigentlich „Ludwig vom Rübenhof".

Matjes-Bohnensalat

8 küchenfertige Matjesfilets
250 g frische grüne Bohnen
250 g neue Kartoffeln
1/2 Bund Frühlingszwiebeln (ca. 3 Stück)
100 g durchwachsener roher Räucherspeck
Marinade:
4 EL Weinessig
8 EL Öl
1/2 TL Salz
1/4 TL weißer Pfeffer

Bohnen putzen, halbieren und 5 Min. in stark gesalzenem Wasser kochen, dann im Salzwasser abkühlen lassen. Kartoffeln in der Schale kochen, abgekühlt pellen und in Würfel schneiden. Von den Frühlingszwiebeln Bärte und harte grüne Blätter abtrennen und in feine Ringe schneiden. Bohnen, Kartoffeln und Zwiebeln in eine Schüssel geben. Die Zutaten der Marinade zusammenrühren, über das Gemüse gießen und 3-4 Std. durchziehen lassen. Speck würfeln, kross ausbraten und auf Küchenpapier entfetten. Die Matjesfilets in 2 cm breite Streifen schneiden. Alles nun zusammen gut vermischen.

Dazu: Toast mit frischer Butter und kühles Bier.

Husumer Fischsalat

1 Glas Gabelrollmöpse
2 Paprikaschoten
4 Tomaten
1 Glas Sellerischeiben
1 Stück Salatgurke
einige Salatblätter
Essig, Öl
Pfeffer, Zucker, Salz

Eine Salatschale mit Salatblättern ausfüttern. Rollmöpse halbieren, Gurke in Scheiben und Tomaten in Achtel schneiden. Die gesäuberten Paprikaschoten in Streifen und die Selleriescheiben in Stückchen schneiden und alles mit Salz, Pfeffer, Essig, Öl und Zucker untereinander mischen. Durchziehen lassen und dann in die mit den Salatblättern ausgelegte Schale füllen.

Krabbensalat

70 g Krabben
100 g Seelachsschnitzel
200 g Erbsen
50 g Mayonnaise
1/8 Liter saure Sahne
6 hart gekochte Eier
etwas Pfeffer

Krabben, Seelachs, Erbsen mit Mayonnaise und saurer Sahne gut vermengen, Eier in Achtelstücke schneiden und zum Schluss vorsichtig unterheben. Einige Eierhälften und Krabben zum Verzieren auf den Salat legen.

Eiersalat
(Für 8 Personen)

12 Eier
150 g Mayonnaise
1 Becher Magerjoghurt
2 EL scharfer Senf
5 EL Tomatenketchup
1-2 TL Paprika
1 gestrichener TL Zucker
3 Äpfel
2 Gewürzgurken
4 Tomaten
1 Bund Schnittlauch

Eier 10 Min. kochen und in nicht zu dünne Scheiben schneiden, sämtliche Zutaten miteinander verrühren. Äpfel und Gewürzgurken klein würfeln, Tomaten enthäuten und klein schneiden. Alle Zutaten unter die Mayonnaise rühren. Den Salat 2 Std. im Kühlschrank durchziehen lassen und mit Schnittlauchröllchen bestreut servieren.

Gurken mit Shrimps

1 Salatgurke
150 g Shrimps
Saft von 1/2 Zitrone
80 g Edelpilzkäse
1/8 Liter Sahne
Saft von 1/2 Zitrone
1/2 TL Pfeffer
1 EL gehackten Dill
kleine Dillzweige

Gurke längs halbieren und entkernen, dann die Shrimps mit Zitrone beträufeln. Käse mit einer Gabel zerdrücken, mit Sahne verrühren, dann mit Zitrone, Pfeffer und Dill abschmecken, anschließend die Shrimps untermischen.
Alles in die Gurkenhälften füllen, mit Dillzweigen garnieren und die Gurken in dicke Scheiben schneiden,

Dazu: Baguette und Butter.

Gurkensalat

1 Salatgurke
1 Bund Dill
6 EL Öl
4 EL Essig
Salz, Pfeffer

Die Gurke schälen, mit dem Hobel oder Messer in dünne Scheiben schneiden, in eine Schüssel füllen, mit Salz bestreuen und mit einer Sauce aus Öl, Essig, fein gehacktem Dill, Salz und Pfeffer begießen und gut vermischen.

Krautsalat

1/2 Pfund Weißkohl	Den Weißkohl klein schnitzeln.
rote und grüne Paprika	Das Ei in Stücke schneiden,
1 Ei	Paprika und Zwiebeln
1/2 Zitrone	kleinhacken und den Saft aus
4 EL Öl	der Zitrone pressen. Dann alle
2 Zwiebeln	Zutaten verrühren und unter den
Salz,	Kohl heben. 1 Tag stehen lassen.
Pfeffer	

Selleriesalat

1 große Knolle Sellerie
6 EL Öl
6 EL Essig
Salz, Pfeffer
1 TL Senf

Die Knolle schälen, in Salzwasser weich kochen und möglichst mit einem geriffelten Messer in Scheiben schneiden. Noch warm mit einer Sauce aus Öl, Essig, Salz, Pfeffer und nach Geschmack Senf übergießen, dann kalt werden lassen. Noch einmal abschmecken und evtl. nachwürzen.

Porree-Salat

6 Stangen Porree
1 Glas Stücken-Sellerie
1 Dose Ananas
3 Äpfel
1 Zwiebel
6 hart gekochte Eier
1 Glas Miracel Whip

Porree in Stücke schneiden, dünsten und erkalten lassen. Sellerie und Ananas gut abtropfen lassen, dann Äpfel, Zwiebel und Eier klein schneiden. Alles miteinander vermengen und etwas Ananassaft und 250 g Miracel Whip unter den Salat geben.

Marions Schichtsalat
(10 Personen)

4 Äpfel
250 g geräucherte Putenbrust oder Kasseler
2 Stangen Porree
2 Gläser mit in Streifen geschnittenem Sellerie
2 Dosen Mais
400 g Gouda-Käse
1 Dose Ananas
Für das Dressing:
1 Becher süße Sahne
1 großes Glas Miracel Wip
Ananassaft
Salz und Pfeffer
Lauchzwiebeln

Äpfel, Putenbrust oder Kasseler und Sellerie fein schneiden. Dann getrennt und nacheinander in eine Schüssel schichten. Es folgen jeweils eine weitere Schicht Mais und in kleine Stücke geschnittener Gouda. Danach vom Porree die grünlichen Teile und Blätter entfernen, die weißen Stangen in kleine Ringe schneiden und als neue Schicht hinzugeben. Dann mit klein geschnittenen Ananasstücken (ohne Saft) die letzte Schicht bilden.
Anschließend süße Sahne und Miracel Wip zu einem Dressing mischen, mit Salz und Pfeffer würzen und mit etwas Ananassaft verdünnen.
Das Dressing auf die obere Salatschicht geben, einige fein geschnittene Lauchzwiebeln hinzufügen und den Schichtsalat kühl gelagert 24 Std. ziehen lassen.

Tipp: Eignet sich besonders für Feste, weil der Salat bereits einen Tag vorher zubereitet wird.

Wintersalat

350 g grüne und gelbe Paprikaschoten
3 hart gekochte Eier
2 Zwiebeln (120 g)
1 kl. Kopf Salat
1 Dose Spargelstücke
1 EL Essig
1 EL Spargelwasser
3 EL Olivenöl
Salz, grob gemahlener Pfeffer

Schoten putzen, waschen und in Ringe schneiden, Eier in Scheiben schneiden, Zwiebeln schälen und in Ringe schneiden. Den Salat sorgfältig waschen, trocken schleudern und in Stücke schneiden. Eine Marinade aus Essig, Öl, Spargelwasser, Salz und Pfeffer herstellen. Dann die Zutaten lagenweise in eine Schüssel geben und die Marinade über den Salat gießen.

Tipp: Der Salat ist besonders kalorienarm.

Kopfsalat mit Specksauce

je nach Größe 1-2 Kopf Salat
100 g durchwachsener Speck
1 EL Mehl
1/4 Liter Wasser
Essig
Salz
Zucker
Pfeffer

Kopfsalat waschen, zerpflücken, in einem Sieb gut abtropfen lassen und in eine Schüssel füllen. Dann Zwiebel und Petersilie fein hacken und in eine Soße aus Rahm, den Saft der Zitrone und die Gewürze geben, gut durchmischen und abschmecken. Kurz vor dem Servieren die Soße über den Salat gießen und vermischen.

Kopfsalat nach Hamburger Art

je nach Größe 1-2 Kopf Salat
1/4 Liter süßer oder saurer Rahm
1 Zwiebel
1 Zitrone
1 Bund Petersilie
1 Messerspitze Zucker
Salz, Pfeffer
1 TL Senf

Kopfsalat waschen, Strünke herausschneiden, in einem Sieb abtropfen lassen und in eine Schüssel füllen. Speck in Würfel schneiden, in der Pfanne gut ausgebraten und ohne Fett über den Salat schütten. Zum in der Pfanne verbliebenen Fett das Mehl geben, mit Wasser glatt rühren, mit Essig, Zucker, Salz und frisch gemahlenem Pfeffer abschmecken und dann über den Salat gießen.

Chinakohl mit Sahne

500 g Chinakohl
1 Scheibe Ananas
1 Apfel
1 Dose Mandarinen
1/8 Liter geschlagene Sahne
Saft einer 1/2 Zitrone
Zucker nach Geschmack

Chinakohl in Streifen, Ananas und Apfel in Stücke schneiden. Aus Sahne und Zitronensaft eine Soße mischen, Mandarinen hinzugeben und mit dem Salat gut vermengen. Je nach Geschmack kurz vor dem Essen Zucker dazugeben.

Apfelspeisen

Finkenwerder Herbstprinz

Nicht nur Kirschen schmecken in Nachbars Garten besser, sondern offensichtlich auch Äpfel. Und so verdanken wir einem „Mundraub" des 1872 geborenen Finkenwerder Bauernsohnes Carsten Benitt eine Apfelsorte, die er später „Finkenwerder Herbstprinz" nannte. Auf dem Obsthof des Nachbarn Rüther hatte der noch minderjährige Benitt einen einzeln stehenden Baum entdeckt, der wohl ein Zufallssämling war und dessen Äpfel niemand richtig kannte. Er „erntete" ihn heimlich, war vom Geschmack begeistert und nahm sich fest vor, diesen Apfel anzupflanzen. Doch weil sein Vater früh verstorben war und die Mutter die Obstflächen verpachtet hatte, musste der Junge noch warten.

Als Carsten dann endlich den Hof übernehmen konnte, zog er aus Reisern den Herbstprinz, vermehrte ihn und pflanzte ihn großflächig in den 1890er Jahren an. Daraufhin dürften auch andere Obstbauern auf diesen Apfel aufmerksam geworden sein, denn er verbreitete sich im Finkenwerder Umland bis weit in das Alte Land hinein. Aus einer Erntestatistik des Jahres 1939 erfahren wir, dass er bei 62 Apfelsorten des Alten Landes einen Gesamtanteil am Tafelobst von 0,4 % hatte. Sein rasanter Aufstieg begann dann nach 1945. Weil der Obsthandel die mittlerweile im Alten Land angebauten 190 Apfelsorten begrenzen wollte, suchten die Obstbauern nach einem Apfel, mit dem sie ihre alten Bäume veredeln konnten. Damals standen auf den Höfen noch langlebige Apfelbäume, deren Kronen nun abgeschnitten wurden, um auf die Leitäste neue Reiser zu setzen. Hierbei bewährte sich der „Finkenwerder Herbstprinz" bestens und bereits nach drei Jahren bildete er eine neue Krone mit vielen schmackhaften Äpfeln. Der robuste, fruchtbare und beliebte Herbstprinz schaffte es sogar auf „Platz eins" der Ernteliste im Alten Land und auf der Elbinsel.

Doch dann kam die EWG, die Vorgängerin unserer EU. Der Obstanbau wurde europaweit intensiviert und beschränkte sich nur noch auf wenige Apfelsorten, die nun auf schwach wachsenden Niedrigstämmen angebaut wurden. Dort, wo früher 300 Hochstämme je Hektar standen, pflanzte der industrielle Obstanbau über 3000 Bäume. Und der Herbstprinz streikte! Für diese Anbauform war er nicht geeignet. Der Handel reagierte und stufte ihn vom Tafelapfel zum schlecht bezahlten Wirtschaftsapfel herab.

Durch rechtzeitiges Beregnen wird die Apfelblüte vor Frost geschützt, wie hier auf dem Apfelhof von Adolf Fick.

Aber, es gibt ihn immer noch, er lebt in alten Hausgärten weiter und führt bei vielen Obstbauern ein Nischendasein. Jetzt naht Rettung! Immer mehr Menschen essen heute bewusster, kaufen regionale Produkte und lehnen nicht nur Industrieäpfel ab, sondern auch die um sich greifende weltweite „Mc-Donaldisierung" unseres Essens. – Deshalb beginnt eine Renaissance des „Finkenwerder Herbstprinzen", den man nun wieder verstärkt in Bio-Läden, auf Wochenmärkten und in Hofläden findet.

Gönnen Sie sich ein Stück Heimat und der „Finkenwerder Herbstprinz" wird Sie mit seinem Geschmack und den vielfältigen Einsatzmöglichkeiten in der Küche nicht enttäuschen.

Der Apfel in der Küche

Es gibt kein anderes Tafelobst, das so vielseitig verwendbar ist, wie der Apfel. Man kann ihn roh essen oder kochen, dünsten und backen. Apfelaromen verfeinern Suppen, Soßen, Fischgerichte, Fleischspeisen, Salate, Kuchen und Torten. Und was wäre die Weihnachtsgans ohne Apfelfüllung.
Aus der Vielzahl der Apfelrezepte hier eine kleine Auswahl, dabei sind der Phantasie keine Grenzen gesetzt.
Bevor Sie jedoch im Supermarkt Standardware aus Italien, Spanien oder Übersee kaufen, besuchen Sie lieber die Apfelbauern auf ihren Höfen. Sie werden über die vielfältigen Geschmacksrichtungen der Äpfel aus Finkenwerder und dem Alten Land begeistert sein. – Und vergessen Sie nicht den „Finkenwerder Herbstprinz"!

Apfelsuppe mit Buchweizenklößen

6 Äpfel (etwa 900 g)
3 EL Vollrohrzucker
1 Zitrone
1/2 Liter naturtrüber Apfelsaft
50 g Buchweizengrütze
1 Eigelb
1 EL Sojamehl
2 EL gemahlene Haselnüsse
1 Bund Zitronenmelisse
Salz

Apfelspalten mit 2 EL Zucker und Zitronenschale in Apfelsaft und 1/4 Liter Wasser 20 Min. dünsten. Etwa die Hälfte der Apfelspalten herausnehmen, den Rest durch ein Sieb streichen.
Buchweizengrütze in 1/8 Liter kochendem Wasser etwa 25 Min. bei kleinster Hitze ausquellen lassen. Eigelb, Sojamehl, Nüsse, restlichen Zucker und ein halbes Bund gehackte Zitronenmelisse dazugeben. Alles gut verrühren und mit 2 TL Klöße abstechen und etwa 20 Min. bei kleiner Hitze in leicht gesalzenem Wasser gar ziehen lassen. Apfelspalten, Klöße und Zitronenmelisseblätter in die Suppe geben und warm servieren.

Suppe vom Finkenwerder Herbstprinz

1 Liter Rinderbrühe
500 ml Saft vom Finkenwerder Herbstprinz
4 geraspelte Finkenwerder Herbstprinz
250 ml Sahne
2 EL Meerrettich
Salz, Pfeffer

Die Brühe mit Apfelsaft und Sahne aufkochen, dann die geraspelten Äpfel sowie den Meerrettich hinzugeben und unter mehrmaligem Rühren nochmals aufkochen lassen. Zum Schluss mit Salz und Zucker abschmecken.

Dazu: frisches Meterbrot

Entenbrust mit Apfelgemüse
(3 Personen)

4 Äpfel
6 EL Weißwein (ersatzweise Apfelsaft)
1 TL Zucker
Salz, Muskat, Zimt
2 Entenbrüste (etwa 440 g)
frisch gemahlener Pfeffer
20 g Butterschmalz
1 unbehandelte Orange

Äpfel schälen, vierteln und das Kerngehäuse entfernen, dann in Wein, Zucker und einer Prise Salz 10 Min. dünsten und mit etwas Muskat und Zimt würzen. Die Haut der Entenbrüste dreimal quer einschneiden, dann pfeffern und salzen und in heißem Fett von beiden Seiten kross anbraten. In Alufolie wickeln, in den Backofen legen bei 200 °C 20 Min. garen. Bratensaft auffangen und zum Apfelgemüse geben. Die Entenbrüste in Stücke schneiden und mit Orangenschale bestreuen.

Dazu: Kartoffelknödel.

Bohnen mit Äpfeln

500 g weiße Bohnen
500 g Äpfel
1 EL Mehl
1 EL Butter
Salz
heiße braune Butter

Bohnen einen Tag in Wasser weichen lassen, dann mit kaltem, leicht gesalzenem Wasser aufsetzen. Äpfel schälen, entkernen, in Würfel schneiden und zu den Bohnen geben. Butter und Mehl zu einem Kloß verkneten, hinzugeben und verrühren, wenn die Äpfel und Bohnen weich sind. Mit brauner Butter begießen.

Dazu: gekochtes Rindfleisch.

Kartoffel-Apfelauflauf mit Camembert

600 g Kartoffeln
Salz
frisch gemahlener Pfeffer
2 Äpfel (400 g)
250 g Camembert
1 Becher Schlagsahne (200 g)
2 Eier
1 EL Edelsüß-Paprika

Kartoffeln waschen und in der Schale 20 Min. in Salzwasser kochen, kurz abkühlen lassen und die Schale abziehen. Kartoffeln in Scheiben schneiden, salzen und pfeffern. Dann Äpfel schälen, das Kerngehäuse herausstechen, Äpfel halbieren und in Scheiben schneiden.
Camembert in Scheiben schneiden und abwechselnd mit Kartoffel- und Apfelscheiben in eine Auflaufform schichten.
Sahne und Eier verrühren, mit Salz, Pfeffer und Paprika würzen und über die Kartoffeln gießen. Dann den Auflauf in den Backofen schieben und 45 Min. mit 200°C backen.

Dazu: knackiger gemischter frischer Salat.

Reisauflauf mit Äpfeln

250 g Reis
1/2 Liter Milch
75 g Butter
4 Eier
12 Äpfel
1/4 Liter Wein
1 Zitrone
1 Apfelsine
Paniermehl

Reis mit Milch und Butter gar kochen, dann Zucker und Eier darunterrühren. Äpfel schälen, entkernen, in Hälften schneiden und in Wein, Saft, einer Zitronenschale und Zucker dünsten, wobei die Äpfel nicht zerfallen dürfen. Danach die Äpfel in ein Sieb geben und abtropfen lassen.
Eine Auflaufform einfetten und schichtweise mit Reis und Äpfeln abwechselnd füllen, danach mit Paniermehl abdecken und Butterflocken hinzufügen. Den Auflauf so lange backen, bis er eine schöne gelbe Farbe bekommt.
Als Soße den Saft der Äpfel und der Apfelsine mischen, süßen und mit Maizena andicken.

Eierkuchen mit Äpfeln

Eierkuchenteig:
300 g Mehl
2 Eier
20 g Zucker
0,3 Liter Milch
50 g Fett
1 Prise Salz
Apfelfüllung:
Süß-saure Äpfel
Zucker

Vorher Äpfel sehr dünn schnitzeln. Dann das Mehl mit 1 Prise Salz, einem ganzen Ei und einem Dotter vermischen, Milch oder Sodawasser zugießen, gut verrühren. Aus dem flüssigen Teig Eierkuchen backen, die mit den Apfelschnitzeln aufgefüllt werden.

Gebackener Apfeleierkuchen

Eierkuchenteig
600-700 g Äpfel
Vanillezucker.

Eierkuchenteig zubereiten, sehr dünn geschnitzelte oder geriebene Äpfel unterrühren und den Teig backen. Zum Servieren Eierkuchen in Dreiecke falten und mit Vanillezucker bestreuen.

Gebackene Apfelspeise

10 säuerliche Äpfel	Die Äpfel schälen, entkernen, in Würfel schneiden, mit Zitronensaft beträufeln, mit etwas Zucker und Zimt bestreuen und eine Stunde beiseite stellen. Warme Butter schaumig schlagen und nach und nach Apfelwürfel, Zucker, Eigelb, Zitronenschale, Korinthen und zuletzt steifen Eischnee dazugegeben. Dann die Masse in eine gut mit Butter ausgeriebene und mit Paniermehl bestreute Auflaufform füllen und 1 Std. im Backofen bei mäßiger Hitze backen.
150 g Butter	
125 g Zucker	
Zimt	
3 Eier	
Saft und abgeriebene Schale einer Zitrone	
100 g Korinthen	
Paniermehl	

Gebackene Apfelscheiben

500 g Äpfel	Größere saure Äpfel schälen, Kerngehäuse entfernen, in 5-6 mm dicke Scheiben schneiden. Aus Mehl, Wein und einer Prise Salz einen dicken Eierkuchenteig anrühren. Dann aus 2 Eiweiß und 20 g Zucker einen steifen Schnee schlagen und mit dem Teig vermengen.
150 g Mehl	
0,3 Liter Weißwein	
2 Eiweiß	
50 g Zucker	Die Apfelscheiben in den Teig tauchen und in reichlich Fett auf beiden Seiten goldgelb braten, dann abtropfen lassen und mit Zimtzucker bestreuen.
100 g Fett	

Dazu: ein frischer Weißwein.

Gefüllte Apfelscheiben

150 g Mehl	Milch mit 12 Stück Würfelzucker und Vanille kochen, dabei Nüsse und die Zitronenschale zufügen und beiseite stellen. Die Füllung soll fest sein. 500 g saure Äpfel schälen, Kerngehäuse entfernen, die Äpfel in 3-4 mm dicke Scheiben schneiden, mit der Füllung bestreichen und je zwei Scheiben aufeinanderdrücken. Aus Mehl, Wein und lauwarmem Wasser einen dicken Eierkuchenteig bereiten, den steifen Schaum von 2 Eiweiß darunterziehen. Die gefüllten Apfelscheiben mit der Gabel im Teig wälzen und in siedendem Fett braten. Mit Vanille- oder Zimtzucker bestreuen, heiß anrichten.
0,1 Liter Weißwein	
100 g Zucker	
100 g gemahlene Nüsse	
1/4 Stange Vanille	
1/2 geriebene Zitronenschale	
0,3 Liter Milch	
500 g Äpfel	
2 Eier	
100 g Fett	

Dazu: frischer Apfelsaft oder Weißwein.

Hirsecrêpes mit Apfelkompott

100 g Hirse
1/4 Liter Milch
3 EL Sojamehl
4 Eier
1/2 Becher Schlagsahne (125 g)
1 EL Vollrohrzucker
etwa 4 EL Öl
2 Äpfel
1 Limette
2 EL Honig
2 EL Rosinen
1 EL Pinienkerne

Hirse und Milch aufkochen und bei kleiner Hitze 30 Min. quellen lassen. Sojamehl, Eier, Schlagsahne und Zucker zugeben und verrühren. Öl in einer Pfanne erhitzen und nacheinander zwölf kleine Crêpes backen.
Für das Kompott Äpfel waschen und mit dem Apfelausstecher das Kerngehäuse entfernen. Apfelscheiben mit Limettensaft beträufeln. 200 ml Wasser mit Honig, Limettenschale und Rosinen aufkochen. Apfelscheiben zugeben und 7 Min. dünsten. Pinienkerne unter das Kompott geben. Crêpes und Kompott auf vorgewärmten Tellern anrichten.

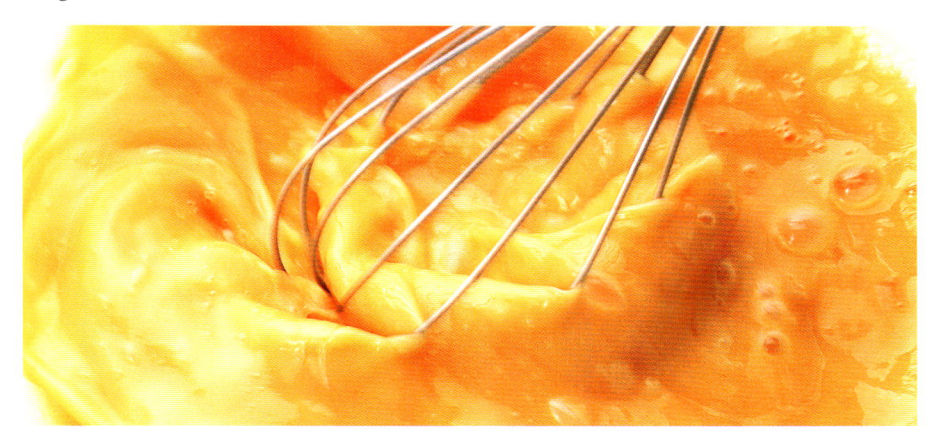

Apfelomelett

500 g Äpfel
350 g Mehl
2 Eier
80-140 g Fett
100 g Zucker
0,3 Liter Milch
Nüsse

Saure Äpfel schälen, Kerngehäuse entfernen und die Äpfel in dünne Scheibchen schneiden. Dann in einer Pfanne Fett erhitzen und die Apfelscheibchen auf beiden Seiten darin braten.
Aus 2 Eidottern, 0,3 Litern Milch, etwas Wasser und dem mit Zucker steifgeschlagenen Schnee der 2 Eiweiße einen Eierkuchenteig bereiten. Anschließend in einer Stielpfanne ein wenig Fett zerlassen, die gebratenen Apfelscheiben hineinlegen, einen Löffel Eierkuchenteig darüber gießen und auf beiden Seiten rotbraun braten. Die Kuchen mit Zucker und Nüssen bestreuen, aufeinanderlegen, dann wie eine Torte aufschneiden.

Spargelsalat mit Äpfeln und Nüssen

500 g Spargel
Salz, 1 Prise Zucker
30 g Butter
1/2 Zitrone
2 kleine Äpfel
2 Köpfe grüner Salat
120 g geräucherte Putenbrust
50 g Walnusskerne
1 Päckchen Kresse
1/2 Becher Schlagsahne (125 g)
3 TL körniger Dijon-Senf
2 EL Apfelessig
frisch gemahlener Pfeffer

Spargel schälen und holzige Endstücke abschneiden, dann in einem 1/2 Liter Salzwasser mit Zucker, Butter und Zitronensaft 20 Min. kochen. Äpfel waschen, das Kerngehäuse entfernen und in kleine Stücke schneiden. Vom Salat die Herzen herausschneiden und halbieren, die Putenbrust in Streifen schneiden und Kresse kleinschneiden.
Abgetropfte Spargelstangen, Putenstreifen, halbierte Salatherzen, Äpfel, Nüsse und Kresse auf Tellern anrichten. Für die Soße Sahne mit Senf und Essig verrühren, mit Salz und Pfeffer abschmecken und über den Salat gießen.

Dazu: kräftiges Schwarzbrot.

Bratäpfel

4 säuerliche Äpfel
(Finkenwerder Herbstprinz)
Marzipanrohmasse
4 TL gehobelte Mandeln
4 Stück Würfelzucker
1 EL hochprozentigen Rum
Butter oder Margarine

Das Kerngehäuse der Äpfel ausstechen, dann in die Mitte des Apfels den Würfelzucker drücken, mit Rum beträufeln und oben und unten mit Marzipanrohmasse verschließen.
Äpfel mit Butter oder Margarine bestreichen und mit Mandelplättchen belegen. Bei 180-200°C im Backofen braten, bis die Haut leicht reißt.

Dazu: Vanillesoße

Bratäpfel mit Weinsoße
(6 Personen)

6 Äpfel
125 g Rosinen
125 g getrocknete Aprikosen
1 EL Sonnenblumenkerne
1 EL Honig
20 g Butter
1 Paket Weißweincreme
(„ohne Kochen")
1/4 Liter Apfelsaft
1 Becher Joghurt (10 %)

Aus den Äpfeln die Kerngehäuse ausstechen. Rosinen, Aprikosenstreifen, Sonnenblumenkerne und Honig mischen und in die Äpfel füllen. Äpfel in eine ofenfeste Form setzen und mit zerlassener Butter beträufeln. In den Backofen schieben und etwa 25 Min. bei 200°C backen.
Inzwischen Weißweincreme mit Apfelsaft vermischen, dann Cremepulver mit dem Schneebesen des Handrührgerätes unterrühren. Joghurt unterziehen und die Soße danach zu den heißen Äpfeln servieren.

Brombeeren und Äpfel mit Honigbaiser

500 g säuerliche Äpfel
1 Zitrone
200 g Brombeeren
(eventuell Tiefkühl-Früchte)
2 Eiweiß
50 g flüssiger Honig

Äpfel vierteln, entkernen und in Spalten schneiden, mit Zitronensaft beträufeln und mit den Brombeeren in eine ofenfeste Form geben. Im Backofen 15 Min. bei 250°C garen.
Inzwischen Eiweiß mit einem Handrührgerät quirlen, bis ein sehr fester Schnee entstanden ist, dann unter ständigem Schlagen den Honig zugießen und weiterquirlen, bis sich der Honig mit dem Eischnee verbunden hat.
Die Baisermasse auf Äpfeln und Beeren verteilen, wieder in den Ofen stellen und noch 5 Min. überbacken, bis die Baiserhaube hellbraun ist.

Apfelnachspeisen

Finkenwerder Herbstprinz in Rahmsoße

4 Äpfel Finkenwerder Herbstprinz
3-4 Töpfe Creme Double
3-4 Vanillezucker

Apfel schälen und halbieren, dann in eine Auflaufform legen. Creme Double mit Vanillezucker verrühren und über die Äpfel geben. Bei 200°C ca. 30 Min. backen. Vor dem Herausnehmen Garprobe machen.

Apfelgrütze mit Preiselbeeren
(12 Personen)

2 kg Äpfel
1/4 Liter Weißwein
abgeriebene Schale einer Zitrone
4 EL Zitronensaft
200 g Zucker
30 g Speisestärke
400 g Preiselbeerkompott

Äpfel schälen, entkernen, vierteln und in dicke Spalten schneiden. Weißwein, Zitronenschale, Zitronensaft, Zucker und Apfelspalten zugedeckt bei milder Hitze weich dünsten. Danach die Apfelspalten abtropfen lassen. 1/4 Liter der abgekühlten Flüssigkeit mit Speisestärke verquirlen. Die restliche Flüssigkeit aufkochen und die angerührte Speisestärke darunter rühren. Nochmals aufkochen und die Äpfel unterheben. Die Grütze abwechselnd mit Preiselbeerkompott schichten, gut durchkühlen lassen und mit flüssiger Sahne servieren.

Altländer Apfelpaste

2 kg säuerliche Äpfel
2 Zitronen
1 Stange Zimt
ca. ¼ Liter Wasser
500 g Zucker (grobe Raffinade)
2-3 EL Öl
150-200 g Hagelzucker
eventuell 200 g rote Konfitüre
(Johannisbeer-, Kirsch- oder Himbeerkonfitüre)

Geschälte, entkernte Äpfel in kleine Stücke schneiden. Mit Zitronensaft, Zimt und Wasser in einem Topf zu Brei kochen, durch ein Sieb passieren, mit Zucker vermischen und unter Rühren zu einer dicken Masse kochen. Abkühlen lassen. Ein Backblech mit Backpapier (oder Alufolie) auslegen, mit Öl bepinseln. Die Apfelpaste 1-2 cm dick darauf streichen, danach 2-3 Tage an der Luft trocknen, dann in Streifen, Quadrate oder Rhomben schneiden, in Hagelzucker wälzen. Die Masse 1 cm dick ausstreichen, getrocknete Platte halbieren. Eine Hälfte mit Konfitüre bestreichen, zweite Hälfte darüber decken. Dann schneiden und in Hagelzucker wälzen.

Warum Finkenwerder Seeleute gut kochen

Warum so viele Seelüd ut Finkwarder so gut kochen können, liegt an ihrer Lehrzeit, die früher fast immer auf einem Kutter anfing und in der Kombüse begann. Gerade aus der Schule gekommen und bis dahin von Muttern bekocht, waren sie nun an Bord für die Verpflegung der drei bis vier Mann Besatzung verantwortlich. Es war in Finkenwerder zwar üblich, dass die Jungs, die nach der Schule zur See fahren wollten, im letzten Schuljahr einmal in der Woche Kochunterricht hatten, doch auf See war dann nachher alles anders, wenn sie am Herd standen und der Kutter bei schwerer See arbeitete. Bei ihrer ersten Reise durften sie noch Fehler machen, doch dann war es mit der Rücksicht vorbei, denn auf See ist das Essen oft der einzige Höhepunkt nach langen Wachen oder schwerster Decksarbeit in rauer See.

Kaum war Cuxhaven passiert, da ging es auf Finkenwerder Kuttern hart zur Sache, auch für den Schiffsjungen, dem erst langsam die Seebeine wuchsen. In einer engen Kombüse musste er auf einem Kohlenherd kochen, bei Seegang den Pott an der Schlinger-Reling des Herdes festbinden, den Deckel festhalten und aufpassen, dass die Suppe im Topf blieb und nicht qualmend auf der heißen Herdplatte landete. Wenn der Kutter schwer überholte, hatte er die Arfensupp umzurühren, damit sie nicht anbrannte oder achtzugeben, dass Schollen und Speck nicht aus der Pfanne rutschten.

Beim Abwasch musste er Frischwasser sparen und mit Seewasser spülen, doch wehe, wenn Essen oder Kaffee salzig schmeckten. Vom Herd war der Aschekasten in Lee zu leeren, obwohl der Wind meist gerade dann drehte und der Jung die Aschewolke voll abbekam. Das Feuer war in Gang zu halten, Kohlen waren nachzuwerfen und wenn der Schipper heißen Kaffee wollte, musste das fix gehen. Zwischen zwei Fängen waren an Deck Kartoffeln zu schälen, und wenn das Netz eingeholt war und sich aus dem Steert die Fische ergossen, stand der Schiffsjunge mit Seestiefeln an Deck und half zu sortieren.

Selbst wenn Brecher über das Vorschiff donnerten, stand der Jung in seiner stickigen Kombüse und machte Pannkoken, Supp oder briet Fisch. Aß dann der Schipper, stand er am Ruder, um danach das Deck für den nächsten

De Jung vorm Kohlenherd in der Kombüse.

Fang aufzuklaren. Und dies bei Sonne oder Regen, bei Wind und Sturm, glatter See oder hohem Wellengang. – Es war eine schwere Zeit für die Schiffsjungen und Jung-Smutjes, die sie hart werden ließ und danach zu erfolgreichen Steuerleuten und Kapitänen machte.

Befuhren sie dann später auf einem großen Frachter die Meere, dachten sie sicherlich oft an ihre Zeit am Kohlenherd auf einem Finkenwerder Kutter, wenn sie vor einem Teller guter Erbsensuppe saßen oder frische Scholle vor sich hatten.

Kaffee für den Käpt´n. (Beide Zeichnungen hat der ehem. Seefischer Henri Kehde gefertigt.)

Nachtisch - Dessert

Hamburger Rote Grütze

1 kg frische rote Früchte
(z.B. Johannisbeeren, Himbeeren,
Brombeeren,
Erdbeeren, Sauerkirschen)
1 Liter Wasser
etwa 100 g Zucker
100 g Speisestärke
2 EL kaltes Wasser
1/8 Liter Rum

Die Früchte verlesen, gründlich waschen, entstielen (Kirschen entsteinen), abtropfen lassen und etwa eine Handvoll davon abnehmen. Die restlichen Früchte mit Wasser und 80 g Zucker gar kochen, aber nicht verkochen lassen. Speisestärke mit Wasser anrühren, die Grütze damit binden und nochmals kurz aufkochen lassen. Dann Rum vorsichtig unterrühren.
Die zurückgelassenen Früchte mit einem Mixer pürieren und in die Grütze geben, dann noch einmal mit dem restlichen Zucker abschmecken.

Dazu: Heiße oder kalte Milch, Sahne oder Vanillesoße.

Norddeutsche Rote Grütze

500 g Himbeeren
500 g rote Johannisbeeren
250 g schwarze Johannisbeeren
250 g entsteinte Sauerkirschen
Maismehl
Zucker

Früchte eben mit Wasser bedeckt aufkochen lassen, durch ein Sieb rühren, den entstandenen Saft abmessen. Auf 1 Liter Saft 80 g (8 gestrichene Esslöffel) Maismehl, das mit kaltem Wasser angerührt wird. Den Fruchtsaft aufkochen lassen und gut süßen. Bei schwacher Hitze das Maismehl einrühren und noch einmal unter Rühren aufkochen lassen, bis die Masse Blasen wirft und zu dicken beginnt. In eine mit kaltem Wasser ausgespülte Glas- oder Porzellanschüssel füllen und abkühlen lassen. Vor dem Servieren stürzen.

Tipp: Da Rote Grütze über die gesamte Sommerzeit gegessen wird, sollten die Früchte je nach Jahreszeit variiert werden.

Dazu: eisgekühlter süßer Rahm und grober Zucker zum Bestreuen.

Rote Grütze auf alte Art

1,5 kg Johannisbeeren	Die Johannisbeeren werden entstielt und mit den Himbeeren zusammen durch ein Haarsieb gestrichen. Der Saft wird mit abgekochtem Wasser auf 1½ Liter Gesamtmenge gebracht, der Zucker wird hinzugefügt und der Saft unter ständigem Rühren aufgekocht. Dann lässt man den Sago einlaufen und in ca. 20 Min. klar kochen. Die Grütze vom Herd nehmen und abkühlen lassen, dann in Portionsschalen füllen und leicht mit feinem Zucker bestreuen, um eine Hautbildung zu verhindern.
600 g Himbeeren	
abgekochtes Wasser	
300 g Zucker	
150 g Sago	

Die sehr gut gekühlte rote Grütze wird mit frischer, halbfest geschlagener Sahne oder einer leichten Vanillesoße serviert. Je nach der Jahreszeit kann die rote Grütze auch mit dem Saft von Kirschen, Erdbeeren, Brombeeren oder schwarzen Johannisbeeren hergestellt werden.

Rote Grütze von Saft

1/2 Liter Obstsaft
35 g Speisestärke oder 50-60 g Gries
Zucker
Zitronensaft

Saft nach Bedarf mit Zucker und Zitronensaft abschmecken und ankochen, vorher jedoch einen Rest zum Anrühren der Speisestärke zurücklassen. Saft mit angerührter Speisestärke binden und fertiggaren.

Wird Gries verwendet, diesen trocken in die kochende Flüssigkeit rühren und aufquellen lassen.

Die Grütze ausgekühlt mit Milch, flüssiger Sahne oder Vanillesoße servieren.

Welfencreme

Vanillecreme:
1/2 Liter Milch
40 g Zucker
1 Prise Salz
1/2 Stange Vanille
35 g Speisestärke
3-4 Eischnee

Weinschaum:
3-4 Eigelb
80 g Zucker
1/4 Liter Weißwein
Zitronengelb
1 EL Zitronensaft
10 g Speisestärke

Zuerst etwas Milch zum Anrühren der Speisestärke zurückbehalten, dann Milch, Zucker, Salz und die aufgeschnittene Vanilleschote ankochen und mit angerührter Speisestärke binden. Unter die heiße Masse den steifen Eischnee rühren. Diese Eiweißmenge muss in der heißen Masse garen, da sonst die Speise nach längerem Stehen wieder dünn wird. Die Vanillecreme in eine Glasschüssel oder in Weingläser füllen und kalt stellen.

Alle Zutaten in einem hohen Kochtopf vermengen und schaumig schlagen, bis die Flüssigkeit hochsteigt, dann kurz ankochen und abkühlen lassen. Mit einem Löffel den gelben Weinschaum vorsichtig auf die weiße Vanillecreme verteilen.

Tipp: Die Welfenfarben weiß und gelb sollen getrennt erkennbar sein und nicht ineinanderlaufen.

Tutti-Frutti

125 g Gebäck
2 EL Rum
250-375 g gezuckerte Beerenfrüchte
Vanillecreme
1/2 Liter Milch
1 Prise Salz
Vanillezucker
50 g Zucker
40 g Speisestärke
2 Eigelb
2 Eischnee

Gebäckreste in eine Glasschüssel legen und mit Rum beträufeln. Darüber die rohen Früchte mit etwas Saft füllen, dabei verschiedene Früchte mischen.
Für Vanillecreme die Milch mit den Geschmackszutaten ankochen. Mit einem Rest der Milch Eigelb und Speisestärke anrühren, die Creme binden lassen und fertiggaren.
Steifen Eischnee locker unterheben und mit einem Löffel über die Früchte füllen (nicht gießen) und erkalten lassen.

Tipp: Mit Früchten und Makronen garnieren.

Sauerkirschen mit Sektcreme

1 Glas Sauerkirschen
5 EL Kirschwasser
2 EL Speisestärke
Creme:
4 Eigelb, 4 Eiweiß
6 EL Zitronensaft
6 Blatt weiße Gelatine
5 EL Zucker
1/2 Liter Sahne
1/4 Liter Sekt

Sauerkirschen aufkochen, Kirschwasser hinzugeben, Speisestärke anrühren und in die kochende Flüssigkeit einrühren und aufkochen. Inhalt in Gläser oder Schalen füllen und erkalten lassen.
Für die Creme Eigelb mit Zucker schaumig schlagen, Zitronensaft hinzugießen, Gelatine auflösen und zufügen, dann die Sahne schlagen und alles mit dem geschlagenen Eiweiß vermengen.
Die gekochten Kirschen langsam mit Sekt übergießen, dann mit der Creme auffüllen und alles kalt stellen.

Weinchaudeau

0.3 Liter Weißwein
2 Eier
50 g Zucker
1/4 geriebene Zitronenschale
15 g Mehl
1/4 Stange Vanille

Wein, Zucker, Vanille, Eier und geriebene Zitronenschale gut verrühren, bei mäßiger Hitze unter ständigem Rühren das Mehl mit dem Schaumschläger nach und nach zufügen, dann zu einem stabilen Schaum schlagen, aber nicht kochen. Um ein Gerinnen des Eigelbs zu verhindern, kann das Gemisch auch im Wasserbad geschlagen werden. Heiß oder kalt servieren.

Mokkacreme

2 Eigelb
4-5 gestrichene TL Pulverkaffee
1/2 Liter Milch
50 g Zucker
1 Prise Salz
Vanillezucker
Gelatinepulver
2 Eischnee
1/8 Liter Schlagsahne
Mokkabohnen

Eigelb und Pulverkaffee mit etwas Milch anrühren, restliche Milch mit Zucker, Salz und Vanillezucker ankochen. Topf vom Herd nehmen, dann sogleich Eigelb mit Kaffee und aufgelöster Gelatine (Herstellerangaben beachten) unterrühren. Die Speise kalt stellen.
Wenn die Creme dicklich wird, steifen Eischnee und geschlagene Sahne locker unterheben. In eine Schüssel füllen und nach dem Erstarren mit Mokkabohnen garnieren.

Hamburger Sherry-Gelee

2 Eigelb
100 g Zucker
Vanillezucker
1/4 Liter Sherry
Gelatinepulver
100 g geraspelte Schokolade
30 g gemahlene Nüsse
1/8 – 1/4 Liter Schlagsahne
2 Eischnee

Eigelb, Zucker und Vanillezucker schaumig schlagen, Sherry und die aufgelöste Gelatine unterrühren. Sobald das Gelee fester wird, Schokolade und Nüsse hinzugeben. Dann die geschlagene Sahne sowie den steifen Eischnee locker unterheben und in eine Schüssel füllen.

Tipp: Nach dem Erstarren mit Sahnetupfen und Schokoladenraspeln garnieren.

Der Finkenwärder Wasserturm

Bevor wir uns gleich dem folgenden Kapitel „Kuchen & Torten" widmen, müssen wir noch über das außergewöhnlichste Café berichten, das auf Finkenwerder jemals betrieben wurde. – Doch vorher geht es um Wasser, genauer um sauberes Trinkwasser.

Rückblickend ist es schon verwunderlich, wie sorglos unsere Vorfahren sich ihr Trinkwasser beschafften. Sie nahmen es aus einfachen Hausbrunnen, Regenwassertonnen, Fleeten oder der Elbe, übrigens auch, wenn sie als Gasthof Gäste bewirteten. Heutige Lebensmittelkontrolleure wären sicherlich in Ohnmacht gefallen, wenn sie die damalige Wasserqualität gemessen hätten, doch es war kein Leichtsinn, sondern Nichtwissen. Vor 150 Jahren lagen Erkenntnisse über Keime und Bakterien noch nicht alltagstauglich vor und die Wissenschaft brauchte noch mehrere Jahrzehnte, bis sie sichere Forschungsergebnisse vorweisen konnte.

Allerdings waren die Verhältnisse im Mittelalter noch schlimmer, denn in den engen Städten ohne Kanalisation war es lebensgefährlich, wenn man kein abgekochtes Wasser trank. Man half sich mit Bier, das keimfrei aus dem Gärungsprozess kam und deshalb auch für Kinder „gesund" war. Viele Speisen enthielten Bier, wie die berühmte Biersuppe, die auch Kleinkinder zu sich nahmen. Und so ist es verständlich, wenn Nuckel für Babys in Bier getaucht wurden, denn das war hygienischer und beruhigte zugleich.

Auch kam es immer wieder zu schweren Epidemien, wie 1892 in Hamburg, als eine asiatische Cholera in der Hansestadt 8605 Tote forderte. Allein auf Finkenwerder gab es 41 Sterbefälle und der letzte Choleratote starb auf der Elbinsel am 26.

„Stolz steht er da, in Wind und Sturm, der Finkenwerder Wasserturm."

September 1892. Nach dieser Katastrophe nahm sich die Hamburger Bürgerschaft endlich dem vorher so vernachlässigten Thema der Trinkwasserversorgung an und investierte viel Geld in ein neues Wassersystem und eine umfangreiche Kanalisation. An diese wesentliche Steigerung der öffentlichen Gesundheit erinnert im Innenhof des Hamburger Rathauses noch heute ein großer Brunnen mit der Bronzefigur der Hygieia, der griechischen Göttin der Gesundheit.

Das erste öffentliche Wasser

Mit Verspätung, am 30. Juli 1902, kam dann endlich auch die erste öffentliche Schöpfstelle für Trinkwasser nach Finkenwerder, noch als Tiefbrunnen. Gleichzeitig wurde ein Wasserturm gebaut, der 1904 fertig wurde, und am 30. Dezember 1904 trat eine neue Wasserverordnung in Kraft. Doch bis das Trinkwasser in die Häuser gelangte, war es noch ein langer Weg: Vorerst gab es öffentliche Zapfstellen, bei denen die Familien ihr Trinkwasser in Eimern abholen konnten.

Auch wenn die Freude über das gesunde frische Wasser groß war, so gab es noch Anfangsprobleme, denn beim ersten Frost froren die Wasserleitungen ein. Die Rohre waren nicht tief genug verlegt worden und so musste man sich wieder mit Elbwasser behelfen, bis der Frost nachließ. Beim nächsten Frost wähnten sich die Verantwortlichen dann klüger und ließen die Wasserhähne geöffnet und das Wasser fließen. Doch die Zapfstellen flossen schnell über, das großflächig ausgetretene Wasser gefror, viele Wasserholer rutschten aus und brachen sich Arme und Beine. Nun wurden bei nahendem Frost rechtzeitig große Wassertonnen auf die Deiche gestellt.

Erst langsam entstanden dann Hausanschlüsse, zuerst in den Schulen und den Gasthöfen, die nun mit „fließendem Wasser" werben konnten, später auch in den Privathäusern. Der Wasserturm wurde zum Sinnbild des Fortschritts und veränderte nicht nur die hygienischen Verhältnisse, sondern auch die Finkenwerder Silhouette. Schon von weitem sahen die Dampfer-

Heute wären Bargheers Wandbilder ein Besuchermagnet.

touristen jetzt das Ziel ihrer Ausflugsreise, und die heimkehrenden Fischer und Schiffsbesatzungen freuten sich, wenn sie die Turmspitze des beliebten Landzeichens erkennen konnten.

Finkenwerders außergewöhnlichstes Café

Die Freude über das frische Trinkwasser aus dem Finkenwerder Wasserturm währte nur 15 Jahre, dann wurde die Elbinsel an das Hamburger Trinkwassernetz angeschlossen. Der Wasserturm verlor seine Bedeutung für die Versorgung der Inselbewohner. Doch 1927 erwachte er zu neuem Leben und wurde ein Aussichtsturm mit Café. Die Bewirtung übernahm die Tochter von William Rahmstorf, dem Eigentümer des „Finkenwärder Hof", und der auf der Insel lebende Kunstmaler Eduard Bargheer (1901-1979) malte die Wände mit 12 Motiven aus dem Finkenwerder Alltagsleben aus. Eigentlich waren die Voraussetzungen für einen gewinnbringenden Gastronomiebetrieb exzellent. Weit und breit gab es kein Lokal mit dieser Fernsicht auf die Elbe mit ihren Dampfern, Frachtseglern und Fahrgastschiffen. Trotzdem wurde der Betrieb des Turmcafés ein Flop.

Noch heute streiten sich alteingesessene Finkenwerder über die Gründe: War der Aufstieg für Touristen zu beschwerlich? Erfolgte der gastronomische Betrieb nur widerstrebend, weil Gäste in den anderen herkömmlichen Gaststätten mehr verzehrten und länger blieben? Oder waren die Bilder von Bargheer zu modern und entsprachen nicht dem „völkischen" Zeitgeist? – Sicher ist nur, dass Einheimische das Café mieden, denn welche Finkenwerder Frau konnte sich dem Spott aussetzen, am helllichten Tag in ein Café zu gehen, um bei Kaffee und Kuchen die schöne Aussicht zu genießen? Auch die Fischer, Bootsbauer, Kaufleute und Werftarbeiter bestiegen das Turmcafé nicht. Köm und Bier tranken sie lieber in ihrem Stammlokal, das man in vorgerückter Stunde ebenerdig verlassen konnte und sich damit nicht der Gefahr eines Sturzes auf der engen Turmtreppe aussetzte.

Es blieben somit nur die Künstler, die das Café zwar zu einem angesehenen Künstlertreff erhoben, aber wenig Verzehr machten und Touristen, die nur an sommerlichen Wochenenden kamen. – Also schloss das außergewöhnlichste Café, das auf Finkenwerder jemals betrieben wurde. Heute wären das Turmcafé ein Besuchermagnet, und die Bilder des berühmt gewordenen Eduard Bargheer ein Vermögen wert. Jeder norddeutsche Kunstführer würde auf den Finkenwerder Wasserturm hinweisen und die Wandgemälde abbilden.

Vom Protestlied zur Hymne

Ohne Nutzung verfiel der Wasserturm, und es gab eine einflussreiche Gruppe, die ihn weg haben wollte. Um ihr Ziel zu erreichen, nannten sie den Turm sogar „ein Scheusal" und wurden hierbei auch von der damaligen Politik unterstützt. Doch der überwiegende Teil der Finkenwerder Bevölkerung protestierte gegen alle Abrisspläne und übte Widerstand. C. Winterstein dichtete deshalb sogar einen Text, den Julius Meier mit einer eingängigen Walzermelodie vertonte. Nun spielten alle Finkenwerder Kapellen das Protestlied, und es gab keinen Tanzabend, an dem dieser Walzer nicht mehrfach gespielt wurde:

> *„Als ein Scheusal wurde er benannt.*
> *Uns´re Zier an der Waterkant.*
> *Stolz steht er da, in Wind und Sturm,*
> *der Finkenwerder Wasserturm."*

Doch der ganze Protest nutzte nichts. 1937 wurde der Wasserturm abgerissen, und viele trauerten mit Tränen in den Augen ihrem geliebten Wahrzeichen nach.

Das einstige Protestlied ist heute zur Finkenwerder Hymne geworden und es vergeht kein Auftritt der „Liedertafel Harmonie", an dem dieses Lied nicht erklingt. Sollte es auf dem offiziellen Programmzettel einmal fehlen, wird es mit Sicherheit als Zugabe verlangt. Und so enden die meisten Konzerte der „Harmonie" mit diesem Lied, das nicht nur die Sänger auf der Bühne im Walzertakt schunkelnd singen, sondern das den ganzen Saal erfasst und die Zuhörer begeistert mitsingen und walzerseelig schunkeln lässt.

Liedertafel Harmonie v. 1865

Finkenwärder Wasserturm
Walzer (komponiert 1927)

♩ = **140**

M. J. Meier
Text: C. Winterstein
Bearbeitung: P. Schuldt

Als ein Scheu- sal wur- de er be- nannt. Uns´re Zier- de an der Wo- ter- kant. Stolz steht er da, in Wind und Sturm, der Fin- ken- wär- der Was- ser- turm.

Finkenwerders Hymne. Mit dem schunkelnden Walzer protestierten die Einheimischen gegen den Abriss des Wasserturms mit seinem beliebten Künstler-Café. Der Turm war 1934 gegen den Willen der Bevölkerung abgetragen worden

Kuchen & Torten

Herbstprinz Streuselkuchen

Für den Teig:
450 g Mehl
30 g Hefe
2 Tassen lauwarme Milch
50 g Butter, 1 Ei
1/2 TL Salz

Für die Füllung:
500 g Quark
100 g Zucker
1 abgeriebene Zitronenschale
Saft einer 1/2 Zitrone
2 Eier
1 gestrichener EL Speisestärke
1 kg Finkenwerder Herbstprinz

Für die Streusel:
380 g Mehl
200 g Zucker
1 Messerspitze Salz
1 Messerspitze Zimt
200 g Butter

Das Mehl in eine Schüssel sieben, in die Mitte eine Vertiefung drücken, die Hefe hineinbröckeln und mit der lauwarmen Milch auflösen. Etwas Mehl über diesen Hefeansatz streuen und 15 Min. an einem warmen Ort gehen lassen. Die aufgelöste Butter, den Zucker, das Ei und das Salz zu dem gegangenen Hefeansatz geben und davon einen glatten festen Teig schlagen. Den Teig nochmals 15 Min. gehen lassen und dann in der Größe des Backblechs ausrollen. Den Teig auf das Backblech legen.

Für die Füllung wird der Quark mit den Eiern, dem Zucker, der Zitronenschale und dem Zitronensaft sowie mit dem Stärkepuder gut verrührt und diese Mischung wird auf den ausgerollten Hefeteig gestrichen. Die Äpfel werden geschält, das Kernhaus ausgestochen und dann zu dünnen Scheiben geschnitten. Diese Apfelscheiben auf der Quarkmasse gleichmäßig verteilen.

Für den Streusel das Mehl mit dem Zucker und dem Salz sowie dem Zimt mischen und die Butter zerlassen und unter ständigem Rühren tropfenweise zugeben. Diesen Teig dann zwischen den Händen zu Streusel verreiben und über den Kuchen gleichmäßig verteilen. Der Kuchen wird bei 200-210°C ca. 25 Min. gebacken.

Finkenwerder Neujahrskuchen

500 g Margarine
125 g Butter
4 Eier
500 g Zucker
1 kg Mehl
250 g Kartoffelmehl
2-3 Päckchen Anis (ganz)

Nacheinander alles verrühren und zuletzt mit den Händen verkneten, dann 2 Rollen formen und einen Tag oder mehrere Stunden kalt stellen.
Danach den Teig in Scheiben schneiden und im Waffeleisen backen.

Dies ist eine Backanleitung unter vielen, denn jede alte Finkenwerder Familie hat ihr eigenes Rezept, und das ist natürlich das beste. Backte eine Schwiegermutter das erste Mal mit der jungen Ehefrau den Familien-Neujahrskuchen, konnte die Schwiegertochter sich aufgenommen fühlen und das neue Jahr fing gut an.

Vanilleschnitte

Für die Füllung:
1 Liter Vollmilch
90 g Vanillecremepulver
150 g Zucker
150 g (5 Stk.) Eiklar
Für den Teig:
2 Platten gebackenen Blätterteig 30+20 cm
Zuckerguss

100 ml Vollmilch mit Vanillecremepulver (z.B. Dr. Oetker) kalt anrühren.
900 ml Vollmilch mit 100 g Zucker aufkochen, dabei den oberen Teil unterrühren. Anschließend das Eiklar mit 50 g Zucker zu einem steifen Eischnee aufschlagen. Den Eischnee vorsichtig unter die kochende Grundcreme heben, wobei die Grundcreme kurz aufstoßen muss.
Eine Blätterteigplatte auf ein Blech mit hohem Rand legen, die Vanillecreme aufstreichen und die zweite Blätterteigplatte drauflegen, dann die obere Blätterteigplatte mit Zuckerguss bestreichen. Den Kuchen ca. 1 Std. kühl stellen und dann in 20 Stücke schneiden.

Tipp: Die heiße Vanillecreme muss sofort verarbeitet werden, da sie beim abkühlen steif wird und sich danach nur noch schlecht verarbeiten und später schneiden lässt.

Bremer Klaben

1 Würfel Hefe
1 TL Zucker
1/5 Liter lauwarme Milch
500 g Mehl
100 g Zucker
125 g zerlassene, abgekühlte Butter
2 Eier
1 Prise Salz
50 g Mandeln, grob gehackt
50 g Zitronat, fein geschnitten
je 1/2 TL Zimt und Kardamom
200 g Rosinen
Puderzucker

Hefe und einen TL Zucker in etwas warmer Milch auflösen. Das Mehl in eine Schüssel sieben, eine Mulde hineindrücken und die angerührte Hefe hineingeben. Mit etwas Mehl zu einem Vorteig verrühren und warm stellen. Ist der Vorteig nach einer Viertelstunde gegangen, Zucker, die restliche Milch, Butter, Eier, Salz, Mandeln, Zitronat, Zimt und Kardamom dazugeben und den Teig schlagen, bis er Blasen wirft. So lange gehen lassen, bis er sich sichtlich vergrößert hat. Dann die Rosinen unterkneten und den Teig in eine gefettete Kastenform geben und nochmals eine gute halbe Std. gehen lassen.
Im vorgeheizten Ofen etwa 45 Min. bei 200°C backen, danach mit Puderzucker bestreuen.

Butterkuchen
(1 Sahne-Becher als Maß)

1 Becher Zucker
3-4 Eier
1 Becher süße Sahne
1 Vanillinzucker
2 Becher gesiebtes Mehl
1 Backpulver
1 Prise Salz
125 g Butter
3 EL Milch
1 Becher Zucker
1 Vanillinzucker
100 g gehobelte Mandeln

Zucker, Eier, süße Sahne und Vanillinzucker sahnig rühren. Dann das gesiebte Mehl sowie Backpulver und Salz zugeben. Gut verrühren, den Teig auf ein Blech geben und im Ofen 10 Min. bei 200°C backen.
In der Zwischenzeit die Butter in einer kleinen Pfanne auslassen, Milch, Zucker und Vanillinzucker zugeben und hell anrösten. und dann die gehobelten Mandeln zugeben, nicht braun werden lassen. Den gebackenen Kuchen aus dem Ofen nehmen und die Butter-Zucker-Mandelmasse auf dem Kuchen verstreichen und nochmals 10 Min. im Ofen backen.

Drei norddeutsche Klassiker: Butterkuchen, die „Ostfriesische Rose" und Tee mit „Wölkchen".

Altländer Apfelkuchen mit Schokoladen-Eis

Für den Teig:
300 g Mehl
100 g Zucker
abgeriebene Schale von 1/2 Zitrone
1 Prise Salz
3 Eigelbe
200 g Butter
Für den Beleg:
Saft einer Zitrone
800 g Äpfel, geschält, in feine Spalten geschnitten
75 g Zucker
1 TL gemahlene Nelken
1 Schnapsglas Calvados oder Kirschwasser
150 g Mandelblättchen
100 g Butter in Flöckchen
1 Packung Vanille-, Karamell- oder Schokoladen-Eiskrem (500 ml)

Mehl aufs Backbrett sieben. In eine Vertiefung Zucker, Zitronenschale, Salz und Eigelb geben. Mit der Hälfte des Mehls vermischen. Darauf die in Stücke geschnittene Butter legen. Ganz rasch den Teig gut zusammenkneten. Ein Teigspachtel hilft beim Zusammenziehen. Etwa 1 Std. im Kühlschrank kühlen lassen. Rasch dünn auswellen. Ums Wellholz wickeln und auf dem Blech wieder ausrollen. Blech damit auslegen und Kante formen.
Die geschälten und fein geschnittenen Äpfel mit dem Zitronensaft mischen. Dann gleichmäßig auf dem Blech verteilen. Darauf die Mandelblättchen und dann den Zucker mit den gemahlenen Nelken streuen. Butterflöckchen verteilen. Zum Schluss den Obstschnaps darüber spritzen.
Bei 220°C ca. 20-25 Min. goldbraun backen. Die noch warmen Kuchenstücke mit einer Scheibe Vanille-, Karamell- oder Schokoladen-Eis servieren.

Föhrer Pöberkuchen

200 g Butter oder besser Schmalz
300 g dunkler Rübensirup
1 Prise Salz
2 Eier
1 TL Zimt
1 TL Nelkenpulver
1/2 TL Kardamom
500 g Mehl
125 g Zucker
1 TL Hirschhornsalz
1 EL Milch

Butter, Sirup und Salz in einem Topf heiß werden lassen und gut verrühren. Ist die Mischung abgekühlt, kommen Eier, Gewürze, Mehl, Zucker und das in Milch aufgelöste Hirschhornsalz dazu. Alles zu einem Teig verkneten und über Nacht kühl stellen. Daraus am anderen Tag 4 cm dicke Rollen formen, fingerdicke Scheiben abschneiden und auf ein gefettetes Blech legen.
Im vorgeheizten Backofen etwa 20 Minuten bei 180°C backen.

Himmelstorte

250 g Butter
200 g Zucker
2 Eier
300 g Mehl
2 TL Backpulver
200 g Mandeln
Zucker, Zimt
10 säuerliche Äpfel
Wein
1/2 Liter Schlagsahne

Einen Rührteig herstellen, in für drei 3 Böden gleiche Teile aufteilen und jeweils auf einen Springformboden geben. Auf die Böden mit Zimt und Zucker vermischte Mandeln streuen und jeweils 20 Min. bei 200°C. abbacken.
Äpfel schälen, in Scheiben schneiden, danach in Wein und Zucker dünsten, abtropfen und erkalten lassen. Apfelmasse dann auf zwei Böden geben, die geschlagene Sahne darauf verteilen und den oberen Boden nicht belegen.

Buchweizentorte aus der Lüneburger Heide

6 Eier
150 g Zucker
50 g gemahlene Mandeln
60 g Buchweizenmehl
1 Messerspitze Hirschhornsalz
Saft und Schale einer Zitrone
Füllung:
1 Glas Preiselbeeren
3 Becher Schlagsahne
Schokoladenraspel

Zuerst Eier trennen, dann Eigelb und Zucker so lange schlagen, bis eine cremige Masse entsteht. Dann Mandeln, Mehl und Hirschhornsalz unterheben und das geschlagene Eiweiß sowie den Zitronensaft dazugeben. Alles in eine mit Backpapier ausgelegte Springform füllen und 35-45 Min. bei 200°C backen. Boden in der Mitte durchschneiden. Die Hälfte der Sahne mit Preiselbeeren vermischen und auf die untere Hälfte verteilen. Die restliche Sahne auf Deckel und Rand der Torte verteilen, glatt streichen und mit Schokoladenraspel verzieren.

Dresdner Eierschecke

Quarkmasseteig:
750 g Quark
150 g Zucker
1 Päckchen Puddingpulver, Vanille
2 Eier
Eiermassebelag:
375 ml Milch
100 g Zucker
1 Päckchen Puddingpulver
100 g Butter
5 Eier – getrennt

Zuerst einen Pudding für die Eiermasse kochen, dafür 6 EL von der Milch abnehmen und mit Puddingpulver verrühren. Die restliche Milch mit Zucker zum Kochen bringen und das Puddingpulver hineinrühren. Nochmal aufkochen und vom Herd nehmen. Die Butter im noch heißen Pudding schmelzen lassen, gut umrühren und alles erkalten lassen.
Für die Eiermasse das Eigelb unter den fast erkalteten Pudding rühren. Eiweiß steif schlagen und vorsichtig unterheben, dann den Pudding erkalten lassen. Quark gut mit Zucker verrühren, dann das Puddingpulver und die Eier unterrühren. Die Quarkmasse in eine gut gefettete Springform geben, glatt streichen. Anschließend in eine Springform die Eiermasse und die Quarkmasse geben. Im vorgeheizten Ofen ca. 1 Std. bei 170°C Ober- und Unterhitze backen, dabei den Teig nach 30 bis 40 Min. abdecken, so wird er nicht zu braun.

Niedersächsischer Zuckerkuchen
(Freud- und Leidkuchen)

Hefeteig
Butter oder Schmalz
Belag:
75 g Butter oder 75 g reines Schmalz
150 g Zucker

Hefeteig auf gefettetem Blech verteilen und mit weichem Fett gut bestreichen. Danach mit Butterflöckchen (und/oder Schmalzflöckchen) belegen, mit Zucker bestreuen, gehen lassen, in vorgeheizten Backofen bei 250°C einsetzen und 6-8 Min. backen. Im Ofen soll der Zucker karamellisieren.

Tipp: Kuchen nach dem Backen sofort aus dem Ofen nehmen, damit er nicht trocken wird.

Altländer Kirschsandtorte

100 g Butter
150 g Zucker
1 Pck. Vanillezucker
1/2 Flasche Zitronenaroma
3 Eier
150 g Mehl
1 TL Backpulver
500 g Sauerkirschen
(evtl. aus dem Glas)

Butter, Zucker, Vanillezucker und Zitronenaroma vermengen, Eier dazugeben, Mehl und Backpulver darüber sieben und alles zu einem Teig verrühren. Den Teig in eine Springform geben, darauf die entsteinten Kirschen gleichmäßig verteilen. Bei 175°C ca. 30-40 Min. backen. Die Kirschen sinken in den Teig ein. Nach dem Backen mit Puderzucker bestreuen.

Baisertorte mit Johannisbeeren

6 Eiweiß
300 g Zucker, feine Raffinade
1/2 Liter süße Sahne
2 Pck. Sahnesteif
100 g Zucker
750 g frische oder gefrorene Johannisbeeren
etwas Puderzucker

Eiweiß sehr steif schlagen, dabei den Zucker löffelweise untermischen. Backblech mit Backpapier belegen und mit Puderzucker bestäuben. Darauf zwei Kreise (Durchmesser 22-24 cm) markieren. Dann die Baisermasse in Spritzbeutel mit glatter Tülle füllen und auf das Backblech spritzen, dabei mit einem Kreisrand beginnen und danach die Fläche spiralförmig nach innen ausfüllen. Leicht mit Puderzucker bestäuben.

Im Backofen bei kleinster Wärmestufe mit 140-150°C mehr trocknen als backen, dann das Baiser mit dem Backpapier vom Blech nehmen, umgedreht auf ein leicht angefeuchtetes Geschirrtuch legen. Anschließend die Platten vorsichtig vom Papier lösen und abkühlen lassen.

Die Sahne steif schlagen, Sahnesteif und Zucker unterschlagen. Johannisbeeren waschen, abtrocknen und entstielen, unter die Sahne mischen.

Zum Anrichten eine Baiserplatte auf die Tortenplatte legen, Fruchtsahne draufstreichen, mit der 2. Platte abdecken und mit Puderzucker bestäuben.

Baisertorte mit Stachelbeeren

Baisermasse wie oben
750 g frische oder gefrorene Stachelbeeren

Die Torte genauso backen wie mit Johannisbeeren.

Tipp: Da Stachelbeeren größer sind, ist die Torte fester und die Stücke lassen sich besser schneiden.

Eierlikörkuchen

5 Eier
250 g Puderzucker
2 Pck. Vanillezucker
125 g Mehl
125 g Kartoffelmehl
1 Pck. Backpulver
1/4 Liter Öl
1/4 Liter Eierlikör

Eier, Puderzucker und Vanillezucker cremig schlagen und dann Öl und Eierlikör langsam dazurühren. Mehl, Kartoffelmehl und Backpulver erst vermischen, danach unterrühren. Alles in eine gefettete und mit Paniermehl ausgestreute Form geben und bei 160°C ca. 60-70 Min. backen.

Tipp: Mit jedem weiteren Tag wird der Kuchen saftiger.

Brot

Ein Stückchen Brot

Ein Stückchen Brot, - du weißt was es bedeutet!
Doch hast du früher drüber nachgedacht,
Als es mit Wurst und Butter zubereitet
Dir täglich wurde auf den Tisch gebracht?
Du nahmst es hin, ohn´ viel zu überlegen.
Was galt dir denn schon eine Schnitte Brot?
Heut´ ist das Brot für dich ein Gottessegen,
Du lerntest schätzen es erst in der Not.

Ein Stückchen Brot, - mit dankerfüllten Blicken
Nimmst du es heute wohl in deine Hand.
Es kann ein Stückchen Brot dich schon beglücken
Und Achtung hast du vor dem Bauernstand.
Siehst auf dem Feld du wieder Ähren reifen,
Im Sommerwinde wogen hold,
Dann lerne Gottes Allmacht recht begreifen
Es ist das liebe Brot – der Erde Gold!

Ein Stückchen Brot, nie sollst du es vergessen,
Wenn einmal wieder du zu Hause bist,
Wie du mit Andacht hast dein Brot gegessen,
Wie heilig es dir hier gewesen ist.
Was du dir still geschworen – sollst du halten,
Gedenken stets im Glück – der Zeit der Not.
Lehr´ du dein Kind schon früh die Hände falten:
„Gib lieber Gott uns, unser täglich Brot!"

Aufgeschrieben 1946 in russischer Kriegsgefangenschaft von Herbert Wegener

Sangesbruder Jan Henning Körner in seiner Finkenwerder Backstube.

Hefebrot

ca. 500 g Mehl	Hefe mit kalter Milch und 1 TL Zucker 10 Min. quellen lassen. Ca. 375 g Mehl in eine Schüssel (Kumme) sieben, die angerührte Hefe, das Ei und die geschmolzene Butter hineinrühren, dann kneten, bis ein glatter Kloß entstanden ist, der nicht mehr klebt (evtl. noch etwas Mehl darüber streuen). Den Kloß solange in einer Schüssel mit lauwarmem Wasser liegen lassen, bis er schwimmt, dann herausnehmen, Zucker hinzugeben und mit soviel Mehl kneten, bis der Teig geschmeidig und nicht mehr klebrig ist. Auf einem gefetteten, mit Mehl bestreuten Backblech ein Brot formen, mit Milch oder verquirltem Eigelb bepinseln und ca. 45 Min. bei mittlerer Hitze backen.
35 g Hefe	
1 Ei	
80 g Zucker	
Salz	
1 Tasse Milch	
125 g Butter	

Tipp: Das Brot ist gar, wenn an einer Stricknadel kein Teig mehr klebt, nachdem mit ihr vorher in das Brot gestochen wurde.

Möhrenbrot

50 g Butter	Möhren grob raspeln. Backofen auf 220°C vorheizen, Butter schmelzen, die geraspelten Möhren hineingeben und kurz dünsten. Dann Zitronensaft darüber träufeln, mit Salz und Zucker abschmecken und abkühlen lassen.
500 g Möhren	
2 EL Zitronensaft	
Salz und etwas Zucker	
750 g Mehl	Aus Mehl, Hefe, Milch, 1 EL Salz und einer Prise Zucker einen Hefeteig herstellen. Die Masse gut kneten, damit sie einen glatten Teig ergibt. Dann die abgekühlten Möhren hinzugeben und den ganzen Teig solange kneten, bis die Möhren gut untergemischt sind. Anschließend den Brotteig zudecken und gehen lassen, bis sich die Teigmasse fast verdoppelt hat.
40 g Hefe	
ein knapper 1/2 Liter Milch	
Zucker	
etwas Milch zum Bestreichen	Danach den Teig nochmals durchkneten und daraus einen großen Brotlaib oder zwei kleinere Laibe formen, dann das Brot nochmals 20 Min. gehen lassen und abschließend mit gezuckerter Milch bestreichen. Brot ca. 40 Min. bei Umluft backen.

Warmer Brotpudding
(6 Personen)

500 g alte Rundstücke
1/4 Liter kochende Milch
2 EL Zucker
abgeriebene Schale einer Zitrone
1 TL Salz
1 EL Butter
3 Eier
2 EL Rosinen
3 bittere Mandeln
1 EL süße Mandeln

Die Rundstücke (Brötchen) in dünne Stücke schneiden oder brechen und mit 1/4 Liter kochender Milch begießen. Wenn das Brot völlig aufgeweicht ist, es kräftig verrühren und Zucker, Zitronenschale, Salz und Butter dazugeben. Nach 5 Min. kräftigem Rühren 3 Eidotter, Rosinen, Mandeln und den festen Eischnee hinzugeben.

Masse in eine mit Butter ausgestrichene und mit Mehl bestäubte Form füllen, die dann in einen Topf mit heißem Wasser gestellt wird. In diesem Wasserbad wird die Masse 1 Std. gekocht.

<u>Dazu:</u> Weinschaumsoße, Zitronen- oder Fruchtsoße.

Welsh Rarebit

200 g Chesterkäse
etwas Braunbier oder Pilsener
ca. 60 g Butter
Cayennepfeffer
1 Meterbrot

Von dem ganzen Weißbrot die Kruste abschneiden, dann das Brot in Scheiben schneiden, kurz aufrösten und mit Butter bestreichen. Den Chesterkäse in Würfel schneiden und mit etwas Braunbier in einer kleinen Kasserolle auf dem Herd so schmelzen, dass eine cremige Masse entsteht.

Mit Cayennepfeffer vorsichtig abschmecken, dann ca. 1 cm dick auf die Weißbrotscheiben streichen und im heißen Backofen kurz überbacken.

<u>Tipp:</u> Eignet sich besonders gut als Beilage für kräftige Suppen.

Gutes ehrliches Bäckerbrot aus Hamburg.

Getränke

Finkenwerder Apfeltrunk

2 Pfund Äpfel
Schale zweier Zitronen
250 g gewaschene Korinthen
2 Liter Wasser
reichlich Weißwein
Zucker nach Bedarf

Die Äpfel schälen, in Stücke schneiden, dann mit Zitronenschale und Korinthen in einen mit Wasser gefüllten Topf geben und langsam zum Kochen bringen. Nach ca. 45 Min. alles durch ein Sieb gießen und abkühlen lassen. Mit Zucker und trockenem Weißwein abschmecken und kühl trinken.

Grog

pro Glas 2-3 Stücke oder 1 TL Zucker
ca. 6 TL hochprozentiger Jamaikarum
kochend heißes Wasser

In Groggläser vorher einen Silberlöffel als Wärmeleiter stellen, dann das Glas zu 3/4 vorsichtig mit kochendem Wasser auffüllen, den Zucker hineingeben und auflösen. Anschließend am Löffelstiel entlang den Rum behutsam hinzugießen, er muss zunächst oben auf dem Wasser schwimmen. Vor dem Trinken bedächtig umrühren.

alte Bordregel: **Rum muss – Zucker darf – Wasser kann**

Eiergrog von der Waterkant
(für 4 Gläser)

4 Eigelb
100 g Zucker
1 Päckchen Vanillinzucker
12 cl Rum

Eigelb, Zucker und Vanillinzucker in einer Porzellanschüssel schaumig schlagen. Schüssel ins Wasserbad stellen. Unter ständigem Schlagen erhitzen, aber nicht zum Kochen bringen. Rum in einer Kasserolle erwärmen und langsam in die Schaummasse rühren. In 4 vorgewärmte Gläser verteilen und sofort genießen.

Eierlikör

1/2 Liter Milch
1 Stange Vanille
150 g Zucker
1 Prise Salz
6 Eigelb
150 g Zucker
1/4 Liter Weingeist

Milch, Vanille, Zucker und Salz aufkochen und etwas abkühlen lassen. Eigelb und Zucker schaumig schlagen und hinzugeben. Weingeist unter die Mischung rühren und kühl stellen.

Aufgesetzter Kaffeelikör

150 g Kaffeebohnen
375 g Kandis
1 Liter Korn

Kaffeebohnen, Kandis und Korn werden gemeinsam angesetzt und an einen hellen Platz gestellt, alles muss des Öfteren geschüttelt werden. Wenn die Bohnen nach unten gesackt sind, ist der Likör fertig, er sollte noch 4-5 Wochen ruhen.

Pharisäer

Heißer starker Bohnenkaffee
3 Stück Würfelzucker
2 cl Rum (40% oder 54%)
geschlagene Sahne
geraspelte Schokolade

Vorgewärmte große, hohe Tassen oder Porzellanbecher zur Hälfte mit Kaffee füllen, mit Zucker süßen und Rum hinzugießen. Obendrauf geschlagene Sahne geben, mit einer Sahnehaube verzieren und geraspelte Schokolade darüber streuen. Das Getränk sofort servieren und beim Trinken nicht rühren.

Teepunsch

1 Flasche Rotwein
1/4 Liter Wasser
1/4 Pfund Zucker
20 g Ingwer
2 Gewürznelken
Zitrone
3 Gläser Rum
1/2 Liter sehr starker Tee

1 Flasche Rotwein erwärmen. In einem Topf Wasser, Zucker, Ingwer und Gewürznelken ca. 5 Min. durchkochen, danach den Wein, Saft und Schale einer Zitrone, Rum und Tee hinzugeben.
Warm halten und mit einer kleinen Suppenkelle in die Gläser füllen.

Bowle

500 g Früchte
(Erdbeeren, Pfirsiche, Ananas)
100-150 g Zucker
2 Flaschen Weißwein,
1-2 Flaschen Selterswasser

Erdbeeren waschen und entstielen, Pfirsiche waschen und entsteinen, Ananas schälen. Früchte in Scheiben oder Stücke schneiden und abwechselnd mit Zucker in eine Bowle oder Terrine geben. Dann mit 1/4 Liter Wein übergießen und die Früchte fest zugedeckt 1-2 Std. ziehen lassen. Kalt stellen. Später den übrigen gekühlten Wein und das Selterswasser dazugießen. Kalt servieren.

Kalte Ente

2 ungespritzte Zitronen
50 g Zucker
2 Liter fruchtiger Weißwein
1 Flasche Sekt
1/2 Flasche Mineralwasser

Zitronen spiralförmig dünn an einem Stück abschälen. Zucker zusammen mit kaltem Weißwein in einen Krug oder eine Bowlenkanne füllen, dann die Zitronenspiralen in die Flüssigkeit geben und mindestens 20 Min. ziehen lassen. Danach mit eiskaltem Sekt und Mineralwasser auffüllen.

Tipp: Im Gegensatz zur Bowle ist die Kalte Ente bereits nach 30. Min trinkfertig und eignet sich auch für Kinderfeste, wenn der Alkohol durch Zitronenbrause ersetzt wird.

Tote Tante
(Für jeweils eine Tasse)

1/2 Tasse süße Schokolade
1 großes Schnapsglas Rum
Geschlagene süße Sahne

1 große Tasse zur Hälfte mit süßer Schokolade füllen, dann 1 Schnapsglas Rum hinzugeben. Darauf mit geschlagener Sahne eine Haube bilden und mit Streuselschokolade garnieren.

Dieses typisch nordfriesische Getränk entstand auf Föhr. Wie viele Föhringer war in jungen Jahren auch eine Tante nach Long Island bei New York ausgewandert. Später verfügte sie dann, dass sie auf ihrer Heimatinsel beerdigt werden wollte. Als sie starb legten die Verwandten sie in eine innen mit Blech ausgeschlagene Kakaokiste und ließen sie durch einen befreundeten Kapitän preisgünstig als Kakaofracht nach Föhr transportieren, wo sie dann würdig beerdigt wurde. Bei der anschließenden Feier tranken die Trauergäste erstmals die „Tote Tante".

Fliederblütensaft

7 Liter abgekochtes Wasser
7 große Dolden vom Holunderstrauch, die nicht verregnet sind
15 g Weinsteinsäure
1 kg Zucker
2 unbehandelte Zitronen

Wasser abkühlen lassen, dann die Dolden in einen Steinguttopf (Kruke) legen und mit Weinsteinsäure übergießen. 24 Std. ziehen lassen. Danach die Zitronen in Scheiben schneiden, hinzugeben und nochmals 24 Std. stehen lassen. Dann alles durch ein Sieb geben, den Zucker einrühren und in Flaschen füllen.

Tafelfreuden

In Zeiten des Fingerfood, des weltweiten Kampfes US-amerikanischer Fastfood-Konzerne gegen die Benutzung von Messer und Gabel, einer schleichenden Niederlage der europäischen Kaffeehauskultur gegenüber dem „Coffee to go" und anlässlich des Siegeszuges des Papptellers, sei noch einmal daran erinnert, dass zu Tafelfreuden eigentlich auch ein hübsch gedeckter Tisch mit Porzellan, Bestecken und Gläsern gehört.

Wurde früher wenigstens noch auf den Theaterbühnen ausgiebig getafelt, so erleben wir heute, dass Regisseure aus Tafelszenen Fress- und Saufgelage machen, bei denen Speisen und Teller über die Bühne fliegen. Beim Film und Fernsehen ist es ähnlich, und wenn Schauspieler „Damen" oder „Herren" bei Tisch spielen sollen, haben sie nicht nur Probleme mit Messer, Gabel und Löffel, sondern auch mit dem Gebrauch ihrer Hände und Arme. Daran, dass TV-Kommissare ihre Fälle eher am Würstchenstand lösen und zwischen zwei Telefonaten eine unappetitlich aussehende Pizza herunterschlingen, während der Kaffeeautomat dunkle Brühe ausröchelt, haben wir uns ja schon gewöhnt.

Anscheinend sind Tafelfreuden nicht mehr „in" und Begriffe wie Tischkultur, Höflichkeit oder Benehmen scheinen aus fernen Zeiten zu kommen, als Tanzschulen junge Leute noch auf ein Leben vorbereiteten, das heute als überholt gilt, weil es angeblich die Selbstverwirklichung verhindert und als mühsam empfunden wird.

Dabei gehört zu einer gepflegten Tischkultur nicht nur das Essen, sondern auch das aufmerksame Zureichen der Speisen, ein rücksichtsvoller Umgang mit den anderen Gästen, das freundliche Eingehen auf Gesprächsthemen der Tischnachbarn und Gastgeber, denen das Wohl ihrer Gäste ein echtes Anliegen ist. – Die Frage muss erlaubt sein, ob wir gerade dabei sind, ein weiteres Stück echter Geselligkeit und Lebensfreude dem Zeitgeist, der Hektik und der Bequemlichkeit zu opfern, wenn die Nahrungsaufnahme vermehrt auf Plastiktellern und mit Wegwerf-Bestecken effizient, aber „geschmacklos" stattfindet?

Ein großer Unterschied zwischen dem Norden und Süden Deutschlands besteht darin, dass wir Norddeutsche gerne Gastgeber in unserer privaten Wohnung oder im eigenen Haus sind, während im Süden eher in ein Restaurant oder in einen Gasthof eingeladen wird. Offensichtlich gleicht sich der Norden hier dem Süden merklich an, vermutlich auch, weil eine Einladung zu Hause mehr Arbeit macht. Doch wir sollten diesen liebenswerten Teil unserer norddeutschen Identität nicht leichtfertig aufgeben, denn er ist auch ein Bestandteil unserer offenen und selbstbewussten Lebensart.

Nirgends kommt man sich ungezwungener näher, als bei einer privaten Einladung, wenn mehrere Paare um einen gemeinsamen Tisch sitzen, ein gutes Essen genießen, mit ausgesuchten Getränken bewirtet werden und zwanglos in häuslicher Umgebung miteinander sprechen können.

Das Buch „Aufgetischt" soll deshalb auch ein Anstoß sein, um die lang gepflegte norddeutsche Kultur der privaten Einladungen zu erhalten und zu pflegen. Und wie geht dies besser, als mit regionalen Speisen, die unsere Heimat ver-

Tassen unterliegen am deutlichsten der Mode (1800).

Motivtasse aus dem Biedermeier „Sei glücklich durch Zufriedenheit."

körpern und eng mit persönlichen Emotionen verbunden sind. – Vielleicht muss man länger im Ausland gelebt haben, um zu erkennen, welchen hohen Wert wir mit unserer norddeutschen Offenheit, Herzlichkeit, Nachbarschaft und Freundschaft besitzen.

Bewahren wir diese Eigenart, auch wenn es mit Mühen verbunden ist. Erhalten und pflegen wir diese norddeutsche Besonderheit, mit der wir unsere Häuser und Wohnungen selbstbewusst öffnen, Gäste ehrlich an unserem Privatleben teilhaben lassen, uns in froher Runde nicht verstellen oder hinter Fassaden verstecken, die nicht echt sind.

Norddeutschland ist so reich an Besonderheiten, Geschichten, unverbogenen kantigen Persönlichkeiten, landsmannschaftlichen Eigenarten und liebenswerten Menschen, dass wir darüber sprechen sollten. Am besten bei einem selbst gekochten Essen, dazupassenden Getränken, einem einladend gedeckten Tisch mit hübschem Geschirr und schönen Bestecken. Vielleicht ist sogar eine Tischdekoration mit Blumen und Farben möglich, die der jeweiligen Jahreszeit entspricht.

Unsere Vorfahren hatten noch ein besonderes Gespür für Werte und tischten mit Porzellan auf, das nicht selten über mehrere Generationen liebevoll genutzt wurde. Vor allem auf alten Höfen gab es Traditionen, die bei Festen und Einladungen bewusst gelebt wurden, wenn der Tisch gut und festlich gedeckt war. Wer also von der Großmutter noch ein Tafeltuch besitzt oder altes Tafelgeschirr geerbt hat, sollte dies gerne und mit Bewusstsein nutzen.

Gönnen wir uns *norddeutsche Tafelfreuden*, laden wir zu selbst gekochtem Essen oder selbst gebackenem Kuchen ein, und genießen wir in froher Runde unsere regionale Küche, auch wenn dies weder „in" noch „cool" ist.

Wenn das vorliegende Buch „Aufgetischt" Sie hierbei unterstützt, freuen sich nicht nur die beiden Autoren, sondern auch alle Sänger der *Liedertafel Harmonie*.

Tafelfreuden.

Das beliebteste Motiv: Blumen und Lebensfreude (1831).

Auch Politik und Kriege finden sich auf Tassen wieder (1914).

155

„Sowat kann't doch blooß in'n Heben oder up Finkwarder geben!"

Der Finkenwerder Heimatdichter **Rudolf Kinau** (1887 – 1975) war der jüngste Bruder der drei Kinau-Söhne Gorch Fock (Johann Wilhelm Kinau) und Jakob Kinau, die alle bekannte norddeutsche Autoren sind. Rudolf schrieb 33 Bücher, verfasste eine Vielzahl niederdeutscher Hörspiele und Theaterstücke und war durch seine beliebte Hörfunksendung „Hör mal 'n beten to" über Jahrzehnte ein generationsübergreifender fester Bestandteil im NDR-Programm.

Dass Rudolf Kinau 1965 zum 100-jährigen Bestehen der *Liedertafel Harmonie* das folgende Gedicht schrieb, macht deutlich, dass auf der Elbinsel die „Harmonie" bereits vor 50 Jahren eine geachtete und anerkannte Institution im Finkenwerder Kulturleben war.

Uns' „Harmonie" hett Jubiläum!

Hunnert Joahr al „Harmonie"?
So lang' sünd Ji al doarbi?
Jümmer singen, jümmer euben - ?
Ne, - dat is doch kum to gleuben!

Is dat denn ook würklich woahrs?
Hebbt Ji denn vör hunnert Joahr
ook al düsse Leeder sungen?
Hett dat do al jüst so klungen?

Noa, - denn blieft man ook doarbi
in Joon feine „Harmonie"!
Singt man noch mol een Joahrhunnert,
dat de ganze Wilt sick wunndert:

„Kinners – Lüd! Un – ne, ook doch!
Singt un klingt dat jümmer noch?
Sowat kann't doch blooß – in'n Heben –
Oder up Finkwarder geben!"

HARMONIE

(Liedertafel Harmonie v. 1865)

T.u.M. E. Dieffenbacher
Bearb.: Peter Schuldt

TTBB

♩ = 100

Har-mo-nie führt uns zu-sam-men, Har-mo-nie hält uns ver-eint. Har-mo-nie in Lied und Le-ben, Har-mo-nie hält uns ver-eint.

O dass sie je-den Mai er-blüh'. Der Men-schen Glück, die Har-mo-nie.

O dass sie je-den Mai er-blüh'. Der Men-schen Glück, die Har-mo-nie.

„Harmonie", das Erkennungslied der Liedertafel Harmonie von 1865 und Wunsch für alle Leser und Nutzer dieses Buches

Dank

Zuerst möchten wir uns bei **Cornelia Poletto** bedanken, die uns bei der Umsetzung der Idee eines Kochbuches über norddeutsche Tafelfreuden unterstützt und dieses Vorhaben durch ihr Vorwort erheblich gefördert hat.

Ein weiterer Dank geht an den Maler, Bildhauer und Freund der „Harmonie" **Axel Groehl** der für das Buch das Titelbild geschaffen hat.

Besonders danken wir denjenigen, die uns Rezepte übergeben und anvertraut haben. Es ist uns dabei eine große Freude, dass darunter auch „Familiengeheimnisse" sind, die über Generationen weitergegeben wurden und nun erstmals veröffentlicht werden.

Ein herzliches Dankeschön gebührt hierbei den *Frauen unserer Sänger* und den ausschließlich weiblichen Mitgliedern des „*Fanclub*" der Liedertafel Harmonie. Ebenfalls bedanken wir uns bei *Siggi Barghusen, Kapitän Peter Bargmann, Magda Feske, Bodo Fischer, Uwe Fock (†), Jürgen Fritzler, Ellen Fromm (†), Angela Heuer, Henri Kehde, Jan Henning Körner, Kai Külper, Käte Margot, Marion Methner, August Pahl, Bernhard Preuß, Brigitte Pilarcyk, Ingrid Ransch und Bärbel Reichel.*

Dem Archiv des **Kulturkreis Finkenwerder e.V.** und der Redaktion des „*Kössenbitter*" verdanken wir eine Fülle von Abbildungen und Zeitdokumenten. Dabei schließen wir in unseren Dank auch die vielen Schriftführer der Liedertafel Harmonie ein, die uns eine vollständige Chronik über die 150-jährige Vereinsgeschichte hinterlassen haben. Dank gebührt hierbei besonders unserem Sangesbruder **Wilhelm Friedrichs**, der in mühevoller Arbeit die gesamte Chronik digital archiviert hat.

Ein großes Dankeschön gilt unserem Sangesbruder **Claus Zapp**. Unermüdlich hat er auf dem Finkenwerder Wochenmarkt und im **Edeka-Markt Bobsien** für das Kochbuch fotografiert. Auch hat er seine Kamera im **Restaurant „Landungsbrücke"** und bei Sangesbrüdern zu Hause erfolgreich in Stellung gebracht. Ebenso danken wir unserem 1. Vorsitzenden Bodo Fischer für viele Fotos, die er uns aus seinem reichhaltigen Fundus zur Verfügung gestellt hat.

Dank dieser beiden engagierten Hobby-Fotografen konnten wir auf Foodstyling und Food-Fotografen verzichten. Mit Stolz erklären wir, dass alle abgebildeten Lebensmittel echte Naturprodukte sind. Auch wurden die abgebildeten Speisen ehrlich und ohne chemische Zusätze oder Farbverstärker zubereitet und konnten nach dem Foto-Shooting mit Freude und Genuss verzehrt werden.

Für die freundliche und großzügige Unterstützung bei unseren Fotoaufnahmen danken wir **Jana Walus** vom Finkenwerder Edeka-Markt Bobsien, **Otto von Gruben** vom Gut Kuhla, ***Ursula Rademacher und ihren hilfsbereiten Mitarbeiterinnen*** vom beliebten Marktstand auf dem Finkenwerder Wochenmarkt, **Jan-Henning Körner** von der Bäckerei Körner, sowie ***Klaus Schultze mit seinem freundlichen Team*** des Finkenwerder Restaurants „Landungsbrücke".

Die Abbildungen der abgedruckten Noten und Texte verdanken wir unserem Dirigenten **Peter Schuldt**, dem es meisterhaft gelingt, dass die Liedertafel Harmonie über ein Repertoire von weit mehr als 60 Liedern verfügt, die wir sicher ohne Blatt singen können und mit denen wir einen breiten Spannungsbogen von Tradition, über plattdeutsches Liedgut, bis hin zu Pop und Rock abdecken.

Bedanken möchten wir uns auch bei der Leitung und den hilfsbereiten Mitarbeitern des Finkenwerder **Hotels „Rilano"** für die freundliche Unterstützung bei der Auftaktpräsentation dieses Buches am 13. Juli 2013.

„*Aufgetischt*" hätte jedoch nicht so erscheinen können, wenn wir Autoren nicht durch unsere Familienmitglieder und Freunde maßgeblich unterstützt worden wären.

So dankt Hubertus Godeysen besonders seiner lieben Frau Sabine für die Zubereitung von Speisen, die sie fotogen präsentierte und seiner Tochter Felicitas, die trotz gelegentlich schwer lesbarer Handschrift etwa 200 Rezepte digital erfasst hat.

Kurt Wagner dankt seiner Frau Rita, die als Cheflektorin unermüdlich Rechtschreibfehlern auf der Spur war und seinem Freund und Nachbarn **Heinz Köhler**, der als erfahrener Koch die Rezepte gründlich überprüft und freigegeben hat.

Die Liedertafel Harmonie Finkenwärder von 1865 bedankt sich bei allen aktiven und passiven Mitgliedern, Förderern und Unterstützern und wünscht allen Nutzern dieses Buches viel Freude beim Lesen und Nachkochen.

Alphabetisches Verzeichnis der Rezepte

Aal in Dill	70
Aal grün	70
Altenwerder Plockfinken	85
Altländer Apfelkuchen mit Schokoladen-Eis	143
Altländer Apfelpaste	129
Altländer Fliederbeersuppe	56
Altländer Kirschsandtorte	144
Altländer Rippenbraten	82
Apfelgrütze mit Preiselbeeren	129
Apfelomelett	127
Apfelsuppe mit Buchweizenklößen	123
Arfensupp (Erbsensuppe)	53
Aufgesetzter Kaffeelikör	151
Baisertorte mit Johannesbeeren	145
Baisertorte mit Stachelbeeren	145
Käpt´n Bargmanns Kartoffelsuppe	50
Bauernomelett	107
Béchamelkartoffeln, überbacken	101
Béchamelsauce	114
Beefsteaks	85
Bickbeersuppe	57
Birnen, Bohnen und Speck	104
Birnenklüten	100
Blankeneser Aalsuppe mit Kochbirnen	47
Bohnen mit Äpfeln	124
Bohneneintopf mit Gänsefleisch	51
Bowle	152
Bratäpfel	128
Bratäpfel mit Weinsoße	128
Bremer Klaben	142
Brombeeren und Äpfel mit Honigbaiser	128
Buchweizentorte aus der Lüneburger Heide	144
Büsumer Krabben-Cocktail	77
Butterkuchen	142
Champignonsoße	115
Chinakohl mit Sahne	121
Cremesuppe mit Schmelzkäse	55
Cumberlandsauce	115
Dorsch gekocht	68
Dresdner Eierschecke	144
Dreugtfisch	62, 63
Dwarslöper (Taschenkrebs)	75
Eiergrog von der Waterkant	151
Eierkuchen mit Äpfeln	125
Eierlikör	151
Eierlikörkuchen	145
Eiersalat	119

Englisches Roastbeef	86
Entenbrust mit Apfelgemüse	124
Finkwarder Hochtiedssupp (Hochzeitssuppe)	43
Finkenwerder Apfeltrunk	150
Finkenwerder Fischsuppe	45
Finkenwerder Herbstprinz	122
Finkenwerder Herbstprinz in Rahmsoße	129
Finkenwerder Klüten un Fleesch (Klöße und Fleisch)	83
Finkenwerder Neujahrskuchen	141
Finkenwerder Räucheraal	78, 79
Finkenwerder Scholle	61
Fliederbeersuppe	57
Fliederblütensaft	153
Fischsuppe von den Halligen	49
Fleisch-Käse-Strudel	91
Föhrer Pöberkuchen	143
Frikadellen	84
Frische Erbsensuppe	53
Frische Hummerkrabben in Dill	75
Frische Suppe	44
Frühlingssuppe	44
Gebackene Apfelscheiben	126
Gebackene Apfelspeise	126
Gebackener Apfeleierkuchen	125
Gebratener Heilbutt mit Krabbenhaube	66
Gedämpfte Beefsteaks nach Hamburger Art	85
Gefüllte Apfelscheiben	126
Gefüllte dicke Rippe	82
Gefüllte Gans	95
Gefüllter Blumenkohl mit Käsehaube	91
Gefülltes Schweinekotelett	82
Glückstädter Matjessalat	116
Grießklüten	99
Grog	150
Großer Hans	100
Grünkernsuppe	54
Grünkohl	103
Grünkohl nach Großmutters Art	103
Gurken mit Shrimps	119
Gurkensalat	119
Gurkensoße	115
Hacksuppe	51
Hamburger Aalsuppe	47
Hamburger Aalsuppe, klassisch	46
Hamburger Austernsuppe	48
Hamburger Fettklüten	99
Hamburger Kartoffelsuppe	50
Hamburger Krebssauce	113
Hamburger Krebssuppe	48
Hamburger Muschelsuppe	49
Hamburger National	85
Hamburger Pannfisch (Pfannenfisch)	67
Hamburger Rauchfleischklüten	98
Hamburger Roastbeef	86
Hamburger Rote Grütze	132
Hamburger Rundstück	84
Hamburger Sherry-Gelee	135
Hamburger Steak	84
Hasenpfeffer in Rotwein	96
Hasenrücken	97
Hefebrot	148
Helgoländer Fischertopf	49
Helgoländer Krebssauce	114
Helgoländer Rotbarschschnitten	69
Herbstprinz Streuselkuchen	140
Hering	71, 72

© by Daniela Baack/pixelio.de

Heringssalat nach Großmutters Art	117
Himmelstorte	143
Hirsecrêpes mit Apfelkompott	127
Holsteiner Bauerntopf	51
Holsteiner Dickmusik	106
Holsteiner Kürbissuppe	54
Hühnersuppe	95
Hühnersuppe mit Schlagrahm	95
Hummerkrabben bretonisch	75
Hummerkrabben natur	75
Husumer Fischsalat	118
Kabeljau gekocht	68
Kalte Ente	153
Karpfen blau	77
Kartoffel-Apfelauflauf mit Camembert	124
Kartoffelklöße	101
Käse-Lauchsuppe	55
Kirschsuppe	57
Königsberger Klopse	89
Kohlrabi-Kartoffel-Gratin	102
Kopfsalat nach Hamburger Art	121
Kopfsalat mit Specksauce	121
Krabbensalat	118
Krabbensuppe	49
Krautsalat	120
Kümmelkartoffeln mit Quark	102
Kurts Kesselgulasch	89
Labskaus	90
Landfrauenwähe	107

Lüneburger Heidschnuckenkeule	87
Marions Schichtsalat	120
Matjes	72, 73
Matjeshappen	74
Matjes-Bohnensalat	118
Matjes Hausfrauenart	74
Matjesfilet in Burgunder	74
Mehlklüten	99
Meerrettichsoße	113
Miesmuscheln	76
Möhrenbrot	148
Mokkacreme	135
Niedersächsischer Zuckerkuchen	144
Norddeutsche Rote Grütze	132
Norddeutscher Hackfleischtopf	88
Oxtail-Suppe	55
Pannfisch (Pfannenfisch)	67
Pannkoken (Eierkuchen)	107
Petersiliensoße	114
Pharisäer	151
Platzkartoffeln	101
Porree-Salat	120
Putenbrust in pikanter Soße	93
Räucheraal mit Sahnemeerrettich	69
Rehkeule nach Heidjer Art	97
Reisauflauf mit Äpfeln	125
Rindfleischwürfel mit Gurken und Dillrahm	90
Rote Grütze auf alte Art	133
Rote Grütze von Saft	133
Roter Heringssalat	117
Roter Heringssalat nach Altländer Art	117
Rotweintopf	88
Rührei-Toast mit Räucherfisch	76
Rumpsteak	86
Sauerbraten nach Hamburger Art	83
Sauerkirschen mit Sektcreme	134
Sauerkrautgratin mit Bandnudeln	106
Schellfisch gekocht	68
Schmorbraten mit Rotwein-Birnen	87
Schnüsch	104
Schollenfilet auf Blattspinat	68
Schwemmklüten	99
Seelachsrouladen mit Porree	70
Seezunge gebraten	65
Selleriesalat	120
Senfsoße	113
Snuten un Poten (Schnauzen und Füße)	81
Spargelsalat mit Äpfeln und Nüssen	127
Spargelragout mit Shrimps	105
Specksoße	114
Spiegelkarpfen	77
Stangenspargel	105
Steinbutt gekocht	66
Stinte	66
Suppe vom Finkenwerder Herbstprinz	123
Suur Supp (Saure Suppe)	44
Teepunsch	152
Tomatencremesuppe mit Basilikum	54
Tote Tante	153
Travemünder Sauce	113
Tutti-Frutti	134
Vanilleschnitte	141
Verlorene Aalsuppe	47
Vierländer Ente	93
Vierländer Spargelsuppe	53
Warmer Brotpudding	149
Weihnachtsgans	94
Weinchaudeau	134
Weinsuppe mit Schaumklößen	57
Welfencreme	133
Welsh Rarebit	149
Wildrahmsuppe	97
Wildschweinbraten	97
Wintersalat	121
Würstchen-Bohnen-Pfanne	92
Würstchen mit Kartoffelsalat	92
Zuckerkartoffeln	102
Zwetschgensuppe	57
Zwiebel Hackfleischtopf	88

Hubertus Godeysen,
geboren 1949 in Lüneburg. Der Journalist, erfolgreiche Buchautor und Publizist ist Mitglied in der „Liedertafel Harmonie von 1865" und singt dort als 2. Bass. Bei mehrjährigen Auslandsaufenthalten lernte Godeysen auch die regionale Vielfalt der europäischen Speisen und Essgewohnheiten kennen und schätzen. Dennoch blieb er der vertrauten norddeutschen Küche treu und warb, gemeinsam mit seiner Frau, auch im Ausland für die Gerichte seiner Heimat.

Kurt Wagner,
geboren 1935 auf Finkenwerder. Der ehemals international tätige Ingenieur ist in Hamburg ein beliebter Buchautor, gehört seit 1960 der „Liedertafel Harmonie von 1865" an, ist Gründungsmitglied des Kulturkreises Finkenwerder und seit über 25 Jahren verantwortlicher Redakteur der Heimatzeitschrift „Kössenbitter". Bei seinen häufigen Auslandseinsätzen in Europa, Südamerika und Asien wurde Wagner zu einem geachteten Botschafter der heimischen Küche aus Finkenwerder und Hamburg.